武术活动家

为杨维题

张耀庭

张耀庭（左）：原国家体育总局武术运动管理中心主任、
第六届中国武术协会主席
杨　维（右）：上饶师范学院武家学派研究中心主任、
三级教授、博士生导师

武道
武在心中

李杰

李杰（右）：原国家体育总局武术运动管理中心主任、第七届中国武术协会主席

杨维（左）：上饶师范学院武家学派研究中心主任、三级教授、博士生导师

杨维先生雅正

学高为师
身正为范

己亥年初夏 杨桦

杨桦（右）：原北京体育大学党委书记、校长、教授、博士生导师

杨维（左）：上饶师范学院武家学派研究中心主任、三级教授、博士生导师

做体育文化人

白晋湘

2019年4月22日

白晋湘（右）：吉首大学党委书记、校长、教授、博士生导师
杨　维（左）：上饶师范学院武家学派研究中心主任、
　　　　　　　三级教授、博士生导师

武家学派典藏系列丛书

象形太极五十二势技击法

杨维 主编

杨晓斌 著

人民体育出版社

图书在版编目（CIP）数据

象形太极五十二势技击法 / 杨晓斌著. —北京：人民体育出版社，2019（2020.6.重印）
（武家学派典藏系列丛书 / 杨维主编）
ISBN 978-7-5009-5637-2

Ⅰ.①象… Ⅱ.①杨… Ⅲ.①太极拳 Ⅳ.①G852.11

中国版本图书馆 CIP 数据核字（2019）第185780号

＊
人民体育出版社出版发行
北京建宏印刷有限公司印刷
新 华 书 店 经 销
＊
787×960 16开本 13.5印张 220千字
2019年12月第1版 2020年6月第2次印刷
＊
ISBN 978-7-5009-5637-2
定价：60.00元

社址：北京市东城区体育馆路8号（天坛公园东门）
电话：67151482（发行部） 邮编：100061
传真：67151483 邮购：67118491
网址：www.sportspublish.cn
（购买本社图书，如遇有缺损页可与邮购部联系）

《武家学派典藏系列丛书》编委会

主　编

杨　维：上饶师范学院武家学派研究中心主任、博士学位，上饶师范学院体育学院三级教授、博士生导师，武家学派代表人——武道元亨，象形太极（太极十三形）第七代传承人。

副主编

辛桂维：上饶师范学院武家学派研究中心副主任、硕士学位，上饶师范学院体育学院副教授，武家学派代表人——武道英杰，象形太极（太极十三形）第七代传承人。

姜　伟：黑龙江省五常市武术协会主席，五常市非物质文化遗产象形太极拳传承人，武家学派代表人——武道大师，象形太极（太极十三形）第八代传承人。

编　委

杨晓斌：上饶师范学院武家学派研究中心副主任、博士学位，上饶师范学院体育学院副教授，武家学派代表人——武道士子，象形太极（太极十三形）第八代传承人。

葛香杉：上饶师范学院外国语学院助教、硕士学位，武家学派代表人——武道士子，象形太极（太极十三形）第八代传承人。

杨　洋：山西大学体育学院讲师、博士学位，武家学派代表人——武道士子，象形太极（太极十三形）第八代传承人。

刘　龙：山西大学体育学院讲师、博士学位，武家学派代表人——武道士子，象形太极（太极十三形）第八代传承人。

Elemen Joann Crusillo（乔安）：山西大学国际教育交流学院硕士研究生，武家学派代表人——武道士子，象形太极（太极十三形）第八代传承人。

序 一

上饶师范学院杨维教授撰写《象形太极五十二势》、辛桂维副教授撰写《象形太极十三势》和杨晓斌博士撰写《象形太极五十二势技击法》三部专著，被人民体育出版社列入"武家学派典藏系列丛书"第一卷，这在我校体育学科建设和专业建设的历史上还是第一次，充分展现了我校象形太极的标志性研究成果。原北京体育大学党委书记、校长、博士生导师杨桦教授，欣然为本系列丛书题词——"学高为师，身正为范"，这是著名教育家陶行知先生的名言，即"学识渊博才能成为他人之师，行为端正才能成为人之典范"，这也是上饶师范学院的校训，杨桦教授的题词寓意深刻，寄意深远。作者又嘱余作序，数次请免未得允准，只得补缀以下文字，以为序言，意在使本系列丛书题词和序言齐全。

杨维教授有历时10年的海外留学和高等教育教学工作经历，至今仍担任菲律宾卡威迪国立大学体育学博士生导师。他从事高等教育几十年，涉猎体育哲学、体育史、民族传统体育等学科领域，学术积淀深厚，研究成果丰硕。2018年

3月，杨维教授和他的科研团队，被上饶师范学院以高层次人才引进到我校体育学院，承担民族传统体育学科和专业建设工作，成立了"上饶师范学院武家学派研究中心"作为江西省哲学社会科学重点研究基地——运动健康与产业发展研究中心、江西省一流体育教育专业建设的重点支撑的科研机构，搭建了国际高等教育学术交流的平台。

杨维教授的武学研究有着深厚的家学渊源，他致力于传承家传武学——象形太极非物质文化遗产，从基本理论、功理功法、拳术内容、器械套路、实战操手和练气发劲六个方面，对理论和技术体系进行了学术梳理、挖掘整理、保护保存和重组构建，把它们精确归类到武家学派的武术技术范畴之中。杨维教授按照"武"的不同历史时期及其发展脉络，把"武"进行了层级化，提出"武的层级理论"和"武家学派"的概念，构建"武家学派五大体系"，提炼中国武术哲学思想体系——武家思想体系和武道精神，从兵技巧家中分离独立出来，填补了诸子百家中武家学派的空白。

上饶师范学院历经沧桑甲子，在艰难中崛起，在崎岖中攀登，在坎坷中奋进，坚守"学高为师，身正为范"之校训，"崇德尚能，正道直行"之校风，"立教有格，成化无疆"之教风，"含弘光大，学行天下"之学风。如今跨越新时代，我们将以勇锐盖过怯懦，以奋进压倒自满，保持拼搏状态，不断取得新突破、新发展、新成就，为建成省内外有较大影响的地方性、师范性、应用性大学——上饶师范大学而不懈努力。在这一过程中，我们热切期待我校教师能秉承对学术的忠诚，遵循学术成长的规律，学贵专精，尤贵宏通，不断夯实自己的学术功底，在自己的学术领域中深耕细作，不断作出优秀的学术成果，不断涌现优秀的专家学者，也祝愿杨维教授、辛桂维副教授、杨晓斌博士不断产出新的宏篇佳作。

是为序。

詹世友

2019年5月6日于上饶师范学院

（注：詹世友，上饶师范学院校长、二级教授、博士生导师）

序 二

为贯彻落实中共中央办公厅、国务院办公厅印发的《关于实施中华优秀传统文化传承发展工程的意见》，人民体育出版社出版了"武家学派典藏系列丛书"第一卷，上饶师范学院体育学院杨维教授撰写的《象形太极五十二势》、辛桂维副教授撰写的《象形太极十三势》和杨晓斌博士撰写的《象形太极五十二势技击法》三部专著入选其列。吉首大学党委书记、校长、博士生导师白晋湘教授，为系列丛书题词——做体育文化人。这也是上饶师范学院体育学院的院训"情操高尚，智勇博学"的综合体现。

杨维教授秉承家传大椿堂书院武学堂文化遗产，历经明朝天顺六年（1462年）至今557年的历史，历时32年研究河中饧杨氏史料、家谱、挂画、碑刻、出土文物、祖籍陵园、祠堂等，查阅2000多种古籍珍本、善本，并出资200多万元保护、保存家族文物古迹，收藏家族绝版文献12种。杨维教授用辩证唯物主义与历史唯物主义观点对待史实，沿着历史脉络以家族武学文化为主线，研究领域涉及重大历史事件、名人列传、养生之道、兵戎武备、拳谱兵法、军事思想、古代兵器、军队训练、锦衣卫缉捕、蒲州大旱饥荒、五荤道农民起义、北上闯关东、天理教农民起义、北大荒开荒占草、抗日战争、解放战争、抗美援朝战争、全民健身等。

杨维教授在海外留学和工作10年，对上述"河中饧杨氏武学文化"的传承发展，进行全面梳理、分类、归纳和总结，构建了"河中饧杨氏武学文化典藏——九大武学体系"，即明代大椿堂武学体系；清代杨氏戳脚拳体系、杨氏翻子拳体系、杨氏华拳十二路体系、象形太极体系、杨氏八形掌体系；民国太极跤体系；新中国散手道体系、武家学派体系，并将此九大武学体系，按照拳种分类归属为武家学派武术技术范畴。

2018年3月12日，杨维教授和其科研团队，被上饶师范学院以高层次人才引进到体育学院，承担民族传统体育学科和专业建设申报工作，成立"上饶师范学院武家学派研究中心"，作为江西省哲学社会科学重点研究基地——运动健康与产业发展研究中心、江西省一流体育教育专业建设的重点支撑科研机构，重点搭建国际高等教育学术交流平台。

上饶师范学院体育学院，坚守"情操高尚，智勇博学"之院训，"团结进取，奋勇拼搏"之院风，"以人为本，严谨求实；精细教学，精致训练；精品科研，服务地方"之理念，"以教学为中心，以学科建设为引领，以体育特色发展为优势，服务地方，争创全省一流，跃进全国地方高校中上水平"之目标。新时代、新使命、新发展、新征程，我们将以饱满的激情争做体育文化人，志存高远，厚积薄发，学高为师，身正为范，立德树人，桃李芬芳，为体育学院双一流建设而努力拼搏！

是为序。

项建民

2019年5月6日于上饶师范学院

（注：项建民，上饶师范学院体育学院院长、二级教授、硕士生导师）

前　言

西汉司马谈将前秦以来的学术流派归纳为六家，即阴阳家、儒家、墨家、法家、名家、道家，史称"诸子百家六家"。东汉班固在《汉书·艺文志》中，将先秦以来的学派归纳为十家，即儒家、道家、阴阳家、法家、名家、墨家、纵横家、杂家、农家、小说家。因小说家被视为不入流，故史称"诸子百家九家"。民国吕思勉认为"术数、方技、兵书"三略，亦可称为先秦诸子，史称"诸子百家十二家"。新中国杨维，字维子，号阜剑，源于《易经》溯流别，从兵家中的兵技巧分离出武家学派简称"武家"，史称"诸子百家十三家"。

武家学派分为武术技术、武艺技能、武学研究、武道文化和武家思想五大体系。将武的概念提升到学术流派的高度，赋予文化内涵、思想精神和人生修炼哲理，填补诸子百家空缺"武家"的空白。"武家学派典藏系列丛书"，是一项长期编辑出版武家学派代表人经典著作的中华优秀传统文化工程，记录与武有关的武术技术与拳种、武艺技能与理论、武学教育与研究、武道文化与创新、武家思想与精神等。"象形太极（太极十三形）"属于武家学派武术技术范畴，故列入本系列丛书。

为响应"全民健身国家战略"，深入贯彻落实中共中央办公厅、国务院办公厅印发的《关于实施中华优秀传统文化传承发展工程的意见》。结合党的十九大报告"新时代、新思想、新征程、新使命"的四新精神，为"全民健身国家战略"提供优质服务。

"象形太极（太极十三形）"挖掘整理和撰编工作，遵照"继承传统，古为今用；意识导引，呼吸自然；形体锻炼，攻防兼顾"二十四字方针，确立挖掘整理"象形太极（太极十三形）"的基本思路。

第一，进行了大量文献、史料的考证与检索以及"象形太极（太极十三形)"的挖掘工作,先后整理出象形太极十三路、象形太极五十二势、象形太极十三势等拳术器械及其实战操手方法,构建了"象形太极(太极十三形)核心价值体系"。

第二,在此基础上根据运动处方基本原则,提炼创编完成了"象形太极养生功"。全套共由十五势组成,分为上下两段,定步和活步相结合,每势动作左右对称,象形取意益寿延年。

第三,为集思广益召开了"象形太极(太极十三形)"理论与实践公益讲座和观摩研讨会,有关专家、研究员、学者作了精彩的专题发言,并提出了中肯的意见和建议。

第四,对"初稿"进行了认真修改,在上饶师范学院、山西大学和全国37家象形太极拳传承基地开展教学实验,重点对运动特点、适应人群、运动强度、运动频率、持续时间、辅助运动、注意事项、冲(挥)击力度、太极跤、关节擒拿、穴位点打、八法八击等进行检测,并进一步征求专家、研究员和学者的意见,结合试验情况对"二稿"再次进行修改。进一步突出"象形太极(太极十三形)"健身与攻防兼顾的特点,使其更加具有科学性、系统性、健身性、实用性和推广性。

第五,筛选出"武家学派典藏系列丛书"第一卷,即《象形太极养生功》《象形太极十三势》《象形太极古传戒尺剑》《象形太极五十二势》和《象形太极五十二势技击法》5册。

"武家学派典藏系列丛书"第一卷的出版,体现了中华优秀传统文化古代哲学"天人合一论"的思想内涵。深入挖掘中华优秀传统文化——武家学派蕴含的思想观念、人文精神、道德规范,结合新时代要求继承、创新与发展,让中华文化展现出永久魅力和时代风采。

《武家学派典藏系列丛书》
编委会
2019年10月1日国庆节

象形太极（太极十三形）赋

杨 维

十三形，源于三丰，古武当盛名。始传承，飞狐杨景，天理教将领。
学无名，交流友情，太极十三形。鸟飞鸣，五禽仿生，鹤燕鸡鹞鹰。
越山岭，龙蛇猴精，虎豹马狮熊。龙兴风，云雾升腾，探爪显奇能。
蛇盘顶，昼出夜行，吐信毒液清。燕玲珑，衔泥巢营，掠水捉蚊虫。
猴精灵，闪转攀升，狡猾成习性。虎大虫，扑食猛冲，咬定不放松。
豹凶猛，抓咬喉咙，胆大心智明。马受惊，竖蹄抱胸，劲草撑疾风。
鸡腿蹬，连环无缝，抓心不发声。鹤力挺，鸣歌舞莺，两膀翅不停。
熊如钟，食草苔青，膀靠力铿铿。狮隐形，撕咬脖颈，润育细无声。
鹰眼惊，遨游苍穹，利爪抓肉中。鹞翻腾，穿梭林丛，浑身铁骨铮。
悬明镜，沐手恭请，诏世拳术经。维子正，仁义智勇，功过后人评。

（注：杨维，字"维子"，号"阜剑"，河中饧杨氏二十四世嫡孙，象形太极（太极十三形）第七代传承人，上饶师范学院武家学派研究中心主任，博士、三级教授、博士生导师）

2018年10月22日于上饶师范学院

目 录

第一章　人体要害部位 ……………………………………（1）

第一节　头颈要害部位 ………………………………（2）
第二节　躯干要害部位 ………………………………（5）
第三节　四肢要害部位 ………………………………（6）

第二章　基本变位方法 ……………………………………（9）

第一节　基本夺位法 …………………………………（9）
第二节　基本让位法 …………………………………（12）
第三节　基本换位法 …………………………………（15）

第三章　基本技术45种 ……………………………………（18）

第一节　龙形基本技术 ………………………………（18）
第二节　蛇形基本技术 ………………………………（20）
第三节　燕形基本技术 ………………………………（21）
第四节　猴形基本技术 ………………………………（22）

第五节　虎形基本技术…………………………（24）

第六节　豹形基本技术…………………………（25）

第七节　马形基本技术…………………………（26）

第八节　鸡形基本技术…………………………（27）

第九节　鹤形基本技术…………………………（28）

第十节　熊形基本技术…………………………（30）

第十一节　狮形基本技术………………………（31）

第十二节　鹰形基本技术………………………（33）

第十三节　鹞形基本技术………………………（34）

第四章　技击方法应用144例………………（36）

第一节　龙形四势技击法………………………（36）

第二节　蛇形四势技击法………………………（58）

第三节　燕形四势技击法………………………（70）

第四节　猴形四势技击法………………………（81）

第五节　虎形四势技击法………………………（95）

第六节　豹形四势技击法………………………（99）

第七节　马形四势技击法………………………（108）

第八节　鸡形四势技击法………………………（114）

第九节　鹤形四势技击法………………………（127）

第十节　熊形四势技击法………………………（133）

第十一节　狮形四势技击法……………………（144）

第十二节　鹰形四势技击法……………………（154）

第十三节　鹞形四势技击法……………………（168）

第五章　拳谱七诀及释义 ……………………………（175）

第一节　阴阳诀……………………………………（175）
第二节　虚实诀……………………………………（177）
第三节　动静诀……………………………………（178）
第四节　刚柔诀……………………………………（180）
第五节　进退诀……………………………………（182）
第六节　潜避诀……………………………………（184）
第七节　乱环诀……………………………………（185）

附录　象形太极拳传承谱系及专家述评 ……………………（187）

一、象形太极拳传承谱系……………………………………（187）
二、"象形太极五十二式技击法"专家述评…………………（188）

参考文献 ………………………………………………………（191）

后记 ……………………………………………………………（192）

第一章 人体要害部位

本章主要介绍人体要害部位,从头颈要害部位、躯干要害部位和四肢要害部位三部分内容进行研究和论述。这些部位容易遭受打击或挤压,而致伤致残,甚至死亡。了解人体要害部位,能够加强在防身自卫中的自我保护意识,并通过击打这些部位,迅速制服对方。

人体要害部位分为三大部分,即头颈要害部位、躯干要害部位和四肢要害部位。(图1-1、图1-2)

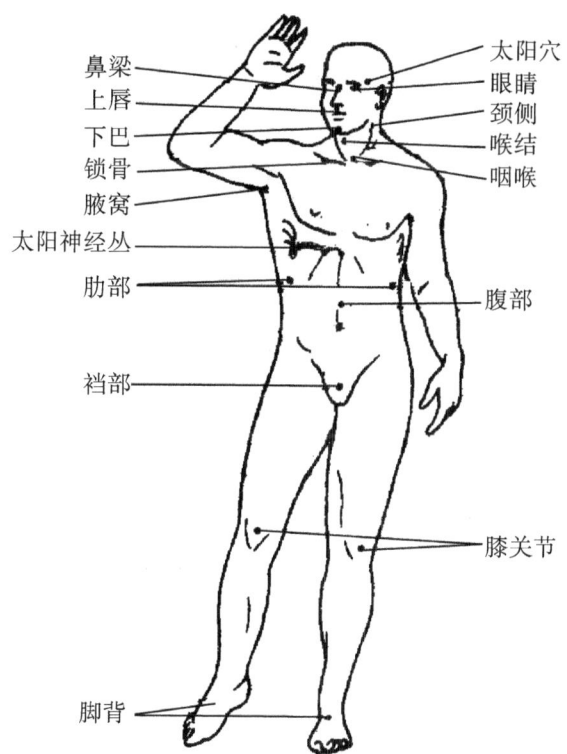

图1-1　人体要害部位正面图

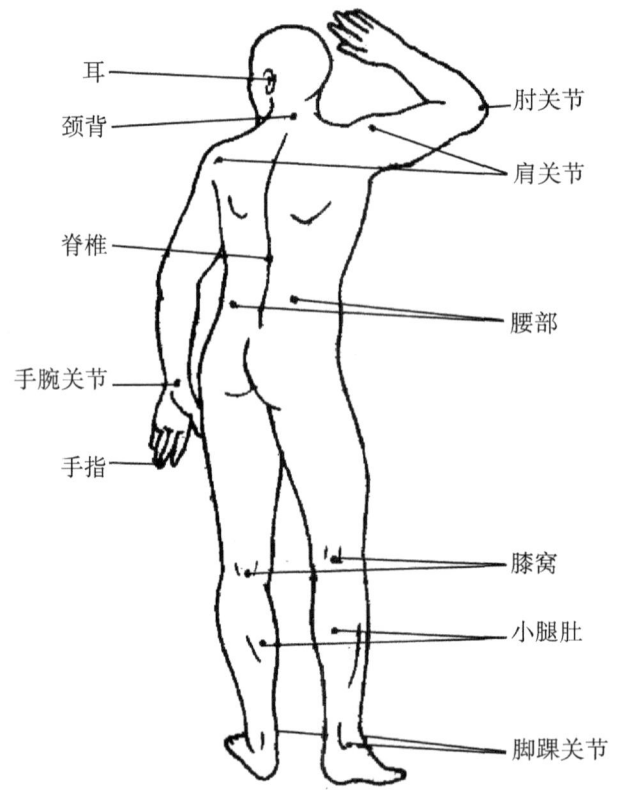

图1-2 人体要害部位背面图

第一节 头颈要害部位

头颈的要害部位包括耳、太阳穴、眼睛、鼻子、上唇、下巴、喉结、咽喉、颈外侧和脑后部。[1]

一、耳

两手成掌或虚握成拳，以两手相对拍打对方双耳，这是极具危险性的打击，轻则会击穿对方耳膜，使其神经受到冲击，或耳内出血，重则能使对方脑震荡而丧失活动能力。

二、太阳穴

打击太阳穴，可造成脑震荡，因为此处骨质脆弱，且有一条动脉和大量神经集中于皮下。打击太阳穴，通常用拳头或掌外侧，也可用肘猛戳，如对方被击倒在地，还可用足尖踢击太阳穴，制服对方。

三、眼睛

使对方致盲的方法颇多。一种方法是以食指和中指成"V"字形刺入对方双眼，手指和手腕要挺直；也可用相邻的两个手指的第二关节猛戳其眼窝，也可用拇指或其他指头击对方眼睛。

四、鼻

打击鼻子时，通常以掌外侧或拳头横击对方鼻梁，可击碎其鼻骨，使其疼痛难忍并暂时失明。如猛烈打击，还可将骨头击碎，如距离对方太近，也可用掌根向上顶击对方鼻子。

五、上唇

上嘴唇是鼻软骨与硬骨的连接处，此处神经接近皮层，是脸部的要害部位，可用角度稍向上的手掌外侧猛击对方上嘴唇，重击能使其晕厥，轻击也将使其感到剧痛。

六、下巴

以手掌根部击打比用拳击对方下巴更为有效，因为用拳猛击可能会折损自己的手指头。

七、喉结

用手掌外侧砍击对方喉结处，重可致死，轻则可使其疼痛难忍，也可用拳、脚、膝攻击对方喉结部位，另一种有效的办法是用指卡或抓其喉结。

八、咽喉

用一指或二指，直戳其咽喉下部凹处，如此一戳，可使对方感到剧痛，咳嗽、窒息，如果刺破咽喉皮层，其伤势会更严重。

九、颈外侧

用手掌外侧猛然砍击对方颈部外侧，能使对方失去知觉，无论用何种方法经此一击，对方将因颈静脉、颈动脉和迷走神经受打击而昏迷、休克。

十、颈后部

用拳外侧或掌外侧猛砍对方颈部能重创对方。

第二节 躯干要害部位

躯干的要害部位包括锁骨、腋窝、心口窝、腹部、裆部、肋部、腰部（肾部）和脊椎。

一、锁骨

以手掌外侧向下用力砍击对方锁骨部位，可使其瘫倒在地。如果对方比较矮小，则可用肘关节猛击其锁骨处。

二、腋窝

腋窝下有一条粗大的神经，打击腋窝，可产生剧痛而致短暂的局部瘫痪。如对方已被击倒在地，则可以脚尖猛踢其腋窝处，威力更大。

三、心口窝

太阳神经丛位于肋骨以下心窝处，用人体尖端点打这一部位，则具有较强的穿透力，可使对方产生剧痛，或向前趔趄，或瘫倒在地，猛烈打击还可置对方于死地。

四、腹部

用人体尖端点打对方腹部，可迫使对方屈身向前，此时再以膝顶撞其面，或以手猛击其颈后部，可重创对方。

五、裆部

如距对方很近，最有效的手段是击其裆部，可用膝狠狠向上顶撞其裆部，也可用拳击、手掌外侧砍、脚尖踢、脚跟踹、抓裆等方法制服对方。

六、肋部

如右侧肋部遭受打击时，肝脏必严重损伤。打此部位时，用手掌外侧、拳外侧、折叠第二指关节、脚后跟、脚尖或膝关节均可。

七、腰部（肾部）

腰部皮层下有一些从脊椎分支的大神经，打击此部位，可使其肾部损伤，并引起严重的神经震动，打击时，通常使用手掌外侧、折叠拳的第二指关节、拳头外侧、膝关节或脚尖等，容易造成对方尿血现象。

八、脊椎

脊椎里是脊髓，打击此部位，可使对方脊椎关节脱位，导致瘫痪或死亡，如对方被打倒在地，即可用膝、肘、脚跟、脚尖攻击对方。

第三节 四肢要害部位

四肢的要害部位包括指关节、腕关节、肘关节、肩关节、膝关节、踝关节和脚背。

一、指关节

当对方从背后抱住我腰时，破解的方法是：以一只手抓住对方一个手指，另一只手则紧紧抓住其手腕，在将对方手腕下拉的同时，将其手指做反关节别压，以折其指。

二、腕关节

将对方手腕向任何方向猛力折别，都能使对方剧烈疼痛，难以忍受，别腕时将双手之拇指置于对方掌背，将其手腕别向前臂方向，使其成直角，以此法可制服对方。

三、肘关节

肘关节是人体的脆弱部位，如重击即能使之脱臼。可用手抓住对方手腕或前臂并向后拉别使其臂膀挺直，同时，以掌根、掌外侧或膝关节猛击其肘关节而折断。

四、肩关节

对方被击倒后，可以用膝顶压其肩膀处，同时将其臂后别，致使其肩关节脱臼，或重击对方脊椎处等。

五、膝关节

用脚外侧踹击对方膝关节，能撕裂其韧带和软骨，使其剧痛和行动不便。

如处于对方背后，直接踢踹其膝后部的腘窝处，可伤其肌肉和神经。

六、踝关节

如要伤对方踝关节，应以脚外侧踹蹬对方踝关节外侧，而不是用脚尖踢，以免使对方滑脱而不能重创。

七、脚背

以脚掌猛踩跺对方脚背，可使其脚背小骨断裂，造成剧痛而行动不便，也可以用脚外侧猛跺其脚背。

第二章　基本变位方法

本章主要介绍基本变位方法，从基本夺位法、基本让位法、基本换位法三部分内容进行研究和论述。

在象形太极拳中，把在静止状态下两脚的基本形状称为"步型"；把在运动状态下两脚的基本变化称为"步法"；把步法的移动变化称为"步法变位"。《诏世拳术训谱》云[2]："站桩在于静中求稳固，变位在于动中求稳固，一动一静组成运动，在运动中求稳固，此乃变位之要旨。"

《诏世拳术训谱》云：

> 步法变位有三种，牢记原则不用愁，
> 夺位动人之先动，抢占洪门不落空，
> 让位避实要击虚，巧走两翼把身栖，
> 换位偷梁来换柱，交换位置找战机。

第一节　基本夺位法

在象形太极拳中，把通过灵活的步法和敏捷的身法，抢先占领有利地形，争取进攻的最佳时机，掌握进攻的主动权，主张"硬打硬进，先发制人"的原则，称为"夺位理论"，即基本公式=步法+身法+地利+时机。[3] 其应用分为上步夺位、进步夺位、盖步夺位、垫步夺位、疾步夺位、插步夺位和跃步夺位七种。

一、上步夺位

当对方与我对峙时，为了先发制人，我两脚突然向前上步，目的是抢占

对方的洪门位置，同时，向对方发动攻击。象形太极拳称为"上步夺位"。（图2-1）

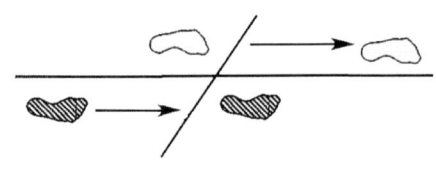

图2-1

【要点】

两脚同时上步要快，重心保持稳定。

二、进步夺位

当对方与我对峙时，为了先发制人，我右脚提起向左脚前上一大步；随即，左脚紧随上一小步，目的是抢占对方的洪门位置，同时，向对方发动攻击。象形太极拳称为"进步夺位"。（图2-2）

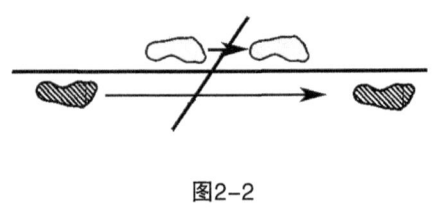

图2-2

【要点】

右脚蹬地提起，向前落步要大，左脚跟半步，意在维持重心稳定。

三、盖步夺位

当对方与我对峙时，为了先发制人，我右脚突然向前横上半步，使脚内侧向前，脚尖外展，目的是抢占对方的洪门位置，同时，向对方发动攻击。象形太极拳称为"盖步夺位"。（图2-3）

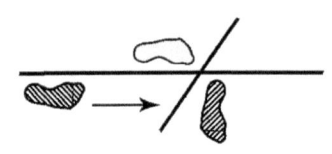

图2-3

【要点】

右脚横脚上步要快，重心前移。

四、垫步夺位

当对方与我对峙时，为了先发制人，我左脚突然向上提起，同时，带动后脚向前上半步，目的是抢占对方的洪门位置，同时，向对方发动攻击。象形太极拳称为"垫步夺位"。（图2-4）

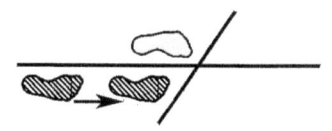

图2-4

【要点】

左脚提起，带动右脚上步，重心要保持稳定。

五、疾步夺位

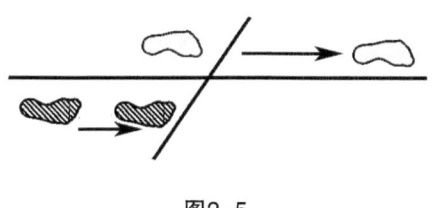

图2-5

当对方与我对峙时，为了先发制人，我右脚向前上步，以脚内侧击打左脚内侧，并向下落步；同时，左脚向前摆起，目的是抢占对方的洪门位置，同时，向对方发动攻击。象形太极拳称为"疾步夺位"。（图2-5）

【要点】

右脚向前击打左脚要突然，左脚向前摆起要快。

六、插步夺位

当对方与我对峙时，为了先发制人，我右脚突然向左脚后上方插进一步，目的是抢占对方的洪门位置；同时，向对方发动攻击。象形太极拳称为"插步夺位"。（图2-6）

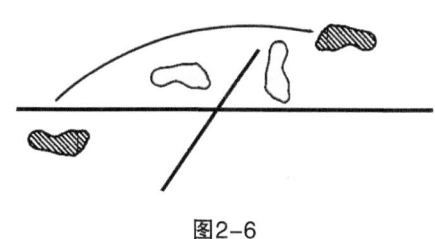

图2-6

【要点】

重心要先移至左脚，右脚迅速向其后上方插进。

七、跃步夺位

当对方与我对峙时，为了先发制人，我右脚突然蹬地，向前跃身跳起，并向前落步；左脚亦蹬地向前紧随落步，目的是抢占对方的洪门位置；同时，向对方发动攻击。象形太极拳称为"跃步夺位"。（图2-7）

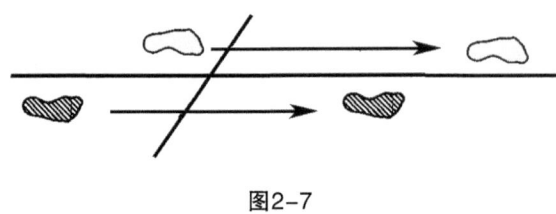

图2-7

【要点】

两脚蹬地跃起和落地要远，先右后左依次进行。

第二节 基本让位法

在象形太极拳中，把通过潜避移身手段，率先让过对方的猛力攻击，然后，再及时反击对方，主张"不招不架，就是一下"的原则，称为"让位理论"，即基本公式=潜避+移身+反击。其应用分为撤步让位、退步让位、闪步让位、跨步让位、纵步让位和提步让位六种。

一、撤步让位

当对方与我对峙时，为了避实击虚，对方向前上步抢占我洪门，我两脚迅

速向后移步,目的是让出洪门,进攻对方两翼。象形太极拳称为"撤步让位"。(图2-8)

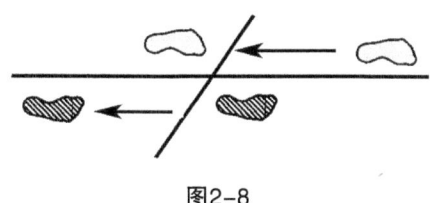

图2-8

【要点】

两脚同时撤步要快,保持身体稳定与平衡。

二、退步让位

当对方与我对峙时,为了避实击虚,对方向前上步抢占我洪门,我左脚迅速向后移动一大步;随即,右脚紧随后移一小步,目的是让出洪门,进攻对方两翼。象形太极拳称为"退步让位"。(图2-9)

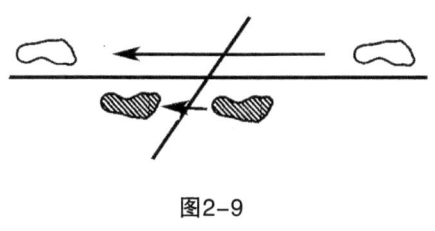

图2-9

【要点】

左脚后移要快,落步要大,右脚跟半步,意在维持重心稳定。

三、闪步让位

当对方与我对峙时,为了避实击虚;对方向前上步抢占我洪门,我左脚迅速向左侧移步;随即,右脚紧随侧移一小步,目的是让出洪门,进攻对方两翼。象形太极拳称为"闪步让位"。(图2-10)

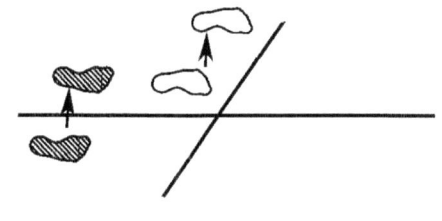

图2-10

【要点】

左脚侧移要快，右脚紧随，维持身体稳定。

四、跨步让位

当对方与我对峙时，为了避实击虚，对方向前上步抢占我洪门，我右脚迅速向右侧前上方移动一大步；随即，左脚紧随向右侧移动一步，目的是让出洪门，进攻对方两翼。象形太极拳称为"跨步让位"。（图2-11）

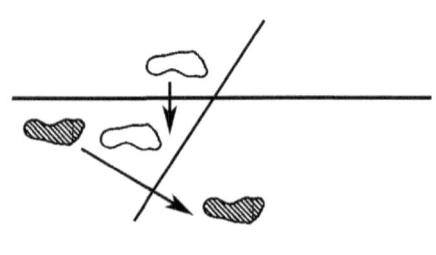

图2-11

【要点】

右脚侧移要快，跨步要大，左脚紧随横移，保持身体稳定。

五、纵步让位

当对方与我对峙时，为了避实击虚，对方向前上步抢占我洪门，我左脚迅速蹬地，向后纵身跳起，并向后落步；右脚亦蹬地向后紧随落步，目的是让出洪门，进攻对方两翼。象形太极拳称为"纵步让位"。（图2-12）

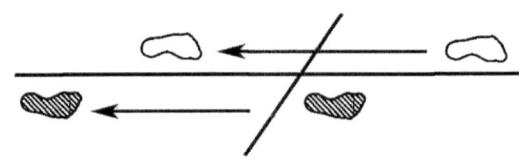

图2-12

【要点】

两脚蹬地纵身和落地要远,先左后右依次进行。

六、提步让位

当对方与我对峙时,为了避实击虚,对方向前上步抢占我洪门,我右脚向后撤一小步,左脚迅速屈膝上提,目的是让出洪门,进攻对方两翼。象形太极拳称为"提步让位"。(图2-13)

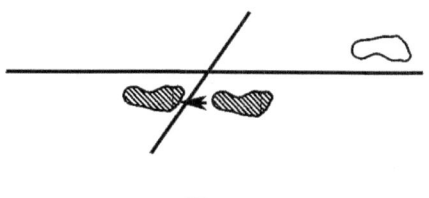

图2-13

【要点】

屈膝上提要快,重心稳定。

第三节　基本换位法

在象形太极拳中,把通过各种步法的相互变换,使对方和我的位置进行相互交换;然后,重新寻找战机,主张"游击战术,巧力周旋"的原则,称为"换位理论",即基本公式=步法+交换位置+战机。其应用分为直线换位、斜线换位和圆形换位三种。

一、直线换位

当对方与我对峙时,为了寻找战机,对方向前上步抢占我洪门,我两脚迅速向前进步,与对方擦肩而过,使双方位置在一条直线上,目的是与对方进行位置交换,重新寻找战机。象形太极拳称为"直线换位"。(图2-14、图2-15)

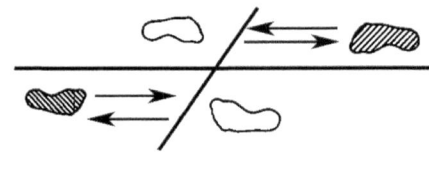

图2-14

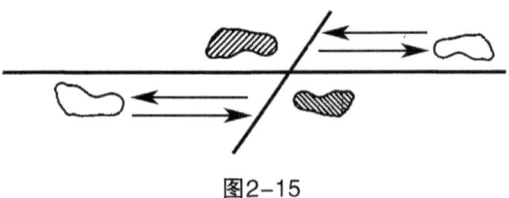

图2-15

【要点】

两脚进步要快,擦肩时有机即乘。

二、斜线换位

当对方与我对峙时,为了寻找战机,对方向前斜上方进步抢占我两翼,我两脚迅速向对方另一斜上方旋进,使双方位置在一条斜线上,目的是与对方进行位置交换,重新寻找战机。象形太极拳称为"斜线换位"。(图2-16、图2-17)

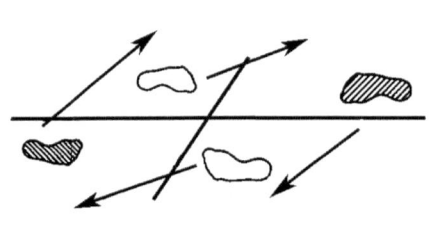

图2-16

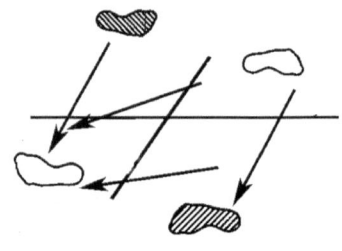

图2-17

【要点】

两脚向对方斜上方上步要快。

三、圆形换位

当对方与我对峙时,为了寻找战机,对方与我相互走转,使双方在弧形或圆周运动线上,目的是与对方进行位置交换,重新寻找战机。象形太极拳称为"圆形换位"。(图2-18)

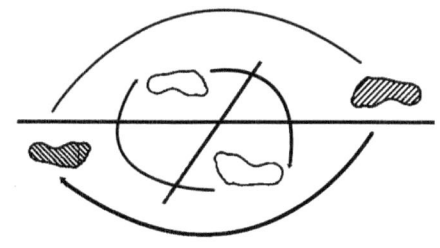

图2-18

【要点】

相互走转要谨慎,伺机而动。

第三章 基本技术45种

本章主要介绍基本技术，对龙形基本技术、蛇形基本技术、燕形基本技术、猴形基本技术、虎形基本技术、豹形基本技术、马形基本技术、鸡形基本技术、鹤形基本技术、熊形基本技术、狮形基本技术、鹰形基本技术、鹞形基本技术等十三部分内容进行研究和论述。

第一节 龙形基本技术

一、横推掌技术

横，从左到右或从右到左；推，向外用力使物体或物体的某一部分顺着用力的方向移动；掌，指手掌。

横推掌，用手掌的根部，从左到右或从右到左，向外用力使物体或物体的某一部分顺着用力的方向移动的技术。横推掌技术应用可以变化出横推脸侧、横推肩外侧、横推肘关节、横推手臂、横推膝关节、横推髋关节内侧等。

【要点】
用力向外，捌劲横推；以腰带劲，力达掌根。

二、卡嗉掌技术

卡，用手的虎口紧紧按住；嗉，许多鸟类食管的扩大部分，形成一个小囊，用来贮存食物，并对其初步浸解；掌，指手掌。

卡嗉掌，用手的虎口紧紧按住脖子的食管（俗称嗉囊）或气管（俗称气囊），使拇指和四指相对用力的技术。卡嗉掌技术应用可以变化出卡腋掌、卡腕掌、卡肩掌、卡膝掌、卡胯掌、卡肘掌等。

【要点】

卡掌及时，动作准确；相对用力，挤劲迅猛。

三、手别摔技术

手，人体上肢前端能拿东西的部分；别，卡住，插住，绷住；摔，身体失去平衡而倒下。

手别摔，用手绷住对方使其身体失去平衡而倒下的技术。手别摔技术应用可以变化出手别膝摔、手别腰摔、手别臂摔、手别脚摔等。

【要点】

一拉一别，相对用力；绷住牢固，捌劲旋转。

四、龙爪掌技术

龙，我国古代传说中的神异动物，身体长，有鳞，有角，有脚，能走，能飞，能游泳，能兴云降雨；爪，动物带尖甲的脚；掌，指手掌。

龙爪掌，模仿龙的爪子用手掌抓打的技术。龙爪掌技术应用可以变化出抓脸、抓胸腹、抓裆、抓耳朵、抓软肋等。

【要点】

一屈一伸，抓打结合；力达爪尖，挤发有力。

第二节　蛇形基本技术

一、蛇缠掌技术

蛇，爬行动物，身体圆而细长，有鳞，没有四肢，种类很多，有的有毒。吃青蛙等小动物，大蛇也能吞食大的兽类；缠，缠绕、捆扎；掌，指手掌。

蛇缠掌，用手模仿蛇缠绕的技术动作。蛇缠掌技术应用可以变化出蛇叼、蛇缠等。

【要点】

左右旋转，扣抓有力；力达掌尖，捯劲横发。

二、穿掌技术

穿，破、透之意；掌，指手掌。

穿掌，用手掌指尖透过、击破对方身体要害部位的技术。穿掌技术应用可以变化出穿喉、穿胸腹、穿裆、穿腋等。

【要点】

掌心向上，发劲短促；力达掌指，突发有力。

三、双捋掌技术

双，指两掌；捋，用手握住条状物向一端滑动；掌，指手掌。

双捋掌，用两手抓握对方手臂顺向运动，使其身体失去平衡而倒下的技术。双捋掌技术应用可以变化出顺捋、拧捋等。

【要点】
抓握手臂要及时牢固；牵拉有力，动作迅猛。

四、单推掌技术

单，指一手；推，向外用力使物体或物体的某一部分顺着用力的方向移动；掌，指手掌。

单推掌，用一只手掌根部向前击打的技术。单推掌技术应用可以变化出推脸、推下颌、推胸腹、推下裆、推软肋等。

【要点】
由屈到伸，准确及时；力达掌根，挤发有力。

第三节 燕形基本技术

一、燕形掌技术

燕，鸟类，体小，翅长，尾为剪刀状，在中国春向北来，秋返南方，捕食昆虫，是益鸟；形，形状、形态；掌，指手掌。

燕形掌，模仿燕子衔泥的动作，用手抓击的技术。燕形掌技术应用可以变化出捉眼睛、捉耳朵、捉鼻子、捉腋下、捉裆等。

【要点】
五指合拢，节节内扣；抓击有力，力达爪尖。

二、撩阴掌技术

撩，把东西垂下的部分掀起来；阴，指裆部；掌，用手打。

撩阴掌，掌心向上，用手指向上击打对方裆部的技术。撩阴掌技术应用可以变化出上撩阴掌、下撩阴掌等。

【要点】

掌心向上，捆发有力；向上掀起，力达爪尖。

三、拧脖摔技术

拧，用两只手握住物体的两端分别向相反的方向用力转动；脖，脖颈，头和躯干相连接的部分；摔，身体失去平衡而倒下。

拧脖摔，一只手抓住对方头顶，另一只手托住下颌，分别向相反的方向用力转动，使对方脖颈脱臼或使其身体失去平衡而倒下的技术。拧脖摔技术应用可以变化出后搬脖颈、前拉膝顶、右拧脖摔、左拧脖摔等。

【要点】

抓头要牢，拖颌要紧；旋转用力，拥劲横发。

第四节 猴形基本技术

一、勾搂掌技术

勾，用钩形物搭、挂或探取；搂，向自己的方向拨；掌，指手掌。

勾搂掌，用钩向外或向自己的方向挂拨的技术。勾搂掌技术应用可以变化出勾手腕、勾脚腕等。

【要点】

掌指向下，勾掌外拨；捌劲横发，力达掌侧。

二、劈进掌技术

劈，用刀斧等砍或由纵面破开；进，向前或向上移动、发展，与"退"相对；掌，指用掌打。

劈进掌，用掌外侧化掌为刀向下击打的技术。劈进掌技术应用可以变化出进手连环劈进、顾手连环劈进、进顾连环劈进、顾进连环劈进。

【要点】

化掌为刀，从上向下；采劲纵发，力达掌侧。

三、横捋掌技术

横，从左到右或从右到左；捋，用手握住条状物向一端滑动；掌，指手掌。

横捋掌，用两手抓握对方手臂横向运动，使其身体失去平衡而倒下的技术。横捋掌技术应用可以变化出顺横捋掌、拧横捋掌等。

【要点】

抓握手臂要及时牢固；牵拉有力，动作迅猛。

四、猴形掌技术

猴，哺乳动物，种类很多，外形略像人，身上有毛，多为灰色或褐色，有尾巴，行动灵活，好群居，口腔有储存食物的颊囊，吃果实、野菜、鸟卵和昆虫等，通称猴子；形，形状、形态；掌，指手掌。

猴形掌，模仿猴子摘果的动作，用手掌抓打的技术。猴形掌技术应用可以变化出腕打手臂、腕打胸腹、腕打下颌、勾掌刨面、勾打两肋、勾打两耳等。

【要点】

五指捏拢，形如钩状；抖腕发力，力达掌尖。

第五节　虎形基本技术

一、双扑掌技术

双，指两手；扑，用力向前冲，使全身突然按在物体上；掌，用手打。

双扑掌，用双掌用力向前弧形冲抓对方面部的技术。双扑掌技术应用可以变化出扑脸、扑胸腹等。

【要点】

弧线运动，力达爪尖；动作敏捷，迅猛有力。

二、双撞掌技术

双，指两手；撞，两个物体猛然相碰、击打；掌，指手掌。

双撞掌，用掌根向前猛然击打对方的技术。双撞掌技术应用可以变化出撞胸腹、撞软肋等。

【要点】

同时出掌，猛然撞击；以腰带劲，力达掌根。

第六节 豹形基本技术

一、横扫掌技术

横，从左到右或从右到左；扫，很快地横掠过去；掌，指手掌。

横扫掌，用掌指从左到右或从右到左，很快地横掠过去的技术。横扫掌技术应用可以变化出横扫眉毛、横扫两肋、横扫大腿两侧等。

【要点】
四指并拢，虎口撑圆；横向掠过，力达指尖。

二、臂靠技术

臂，手臂；靠，本意是指倚着，挨近，接近，妥当可信赖，彼此间的距离近等。

臂靠，用手臂外侧紧挨着击打对方的技术。臂靠技术应用可以变化出前臂向前掤靠、前臂向斜上掤靠等。

【要点】
前臂掤打，以腰带劲；抖腰振臂，力达臂外。

三、五花掌技术

五，指5次；花，形状像花朵的东西；掌，指手掌。

五花掌，用手掌像花朵绽放一样连续击打5次的技术。五花掌技术应用可以变化出五花掌（一）、五花掌（二）等。

【要点】
十字交叉，两手分开；同时里合，骤然发力。

四、双碟掌技术

双，指两手；碟，盛食物的器具，扁而浅，比盘子小；掌，指手掌。

双碟掌，用掌根（像碟子的外沿一样）击打的技术。双碟掌技术应用可以变化出双碟下颌、双碟胸腹、双碟软肋等。

【要点】
掌根相对，两手齐发；前挤发力，以腰带劲。

第七节　马形基本技术

一、霸王膝技术

霸，古代诸侯联盟的首领；王，首领、头目、最高统治者；膝，大腿和小腿相连的关节前部，通称膝关节。

霸王膝，指用人体最厉害的武器膝关节击打的技术。霸王膝技术应用可以变化出提膝撞面、提膝顶裆、提膝防腿等。

【要点】
膝关节击打，提膝防腿，及时果断。

二、撩阴脚技术

撩，把东西垂下的部分掀起来；阴，指裆部；脚，用脚打。

撩阴脚，用脚尖向上击打对方裆部的技术。撩阴脚技术应用可以变化出撩下颌、撩心窝、撩裆等。

【要点】

向上掀起，突然迅猛；暗腿发力，力达脚尖。

第八节　鸡形基本技术

一、蹬腿技术

蹬，腿和脚向脚底的方向用力；腿，人和动物用来支持躯体和行走的部分。

蹬腿，用脚跟向前用力使对方产生位移的技术。蹬腿技术应用可以变化出前蹬腿、后蹬腿等。

【要点】

屈膝上提，由屈到伸；力达脚跟，骤然发力。

二、截腿技术

截，切断、割开、阻截；腿，人和动物用来支持躯体和行走的部分。

截腿，用脚内侧向前阻截或击打对方小腿的技术。截腿技术应用可以变化出截踩腿、截踢腿等。

【要点】

暗腿下藏，骤然发力；力达内侧，迅猛有力。

三、双托掌技术

双，指两手；托，用手掌或器物承举；掌，指手掌。

双托掌，用两手向上承举，使对方受到击打或使其身体失重而倒下的技术。双托掌技术应用可以变化出托肘关节、托腋下、托下颌、托脚跟、托脚内侧、托腕关节等。

【要点】

两手向上，承举有力；击打迅猛，破坏重心。

四、鸡形掌技术

鸡，家禽，品种很多，嘴短，上嘴稍弯曲，头部有红色的肉冠，翅膀短，不能高飞，也叫家鸡；形，形状、形态；掌，指手掌。

鸡形掌，用鸡爪的形状击打的技术。鸡形掌技术应用可以变化出进手连环鸡手、顾手连环鸡手、进顾连环鸡手、顾进连环鸡手等。

【要点】

拇指抵压，食指屈伸；出击迅猛，力达食指。

第九节　鹤形基本技术

一、架推掌技术

架，掤架、支承；推，向外用力使物体或物体的某一部分顺着用力的方向移动；掌，指手掌。

架推掌，一只手用力向上支承掤架，另一只手用力向前使对方产生位移的技术。架推掌技术应用可以变化出架推胸腹、架推软肋等。

【要点】

向上用力，支承掤架；向前挤出，力达掌根。

二、砍掌技术

砍，用刀斧等猛力切入物体或将物体断开；掌，指手掌。

砍掌，用掌外沿化掌为刀横向或斜向击打的技术。砍掌技术应用可以变化出横砍掌、斜砍掌等。

【要点】

化掌为刀，力达掌沿；横斜之劲，迅猛有力。

三、鹤形掌技术

鹤，鸟，头小颈长，嘴长而直，脚细长，后趾小，高于前三趾，羽毛白色或灰色，群居或双栖，常在河边或沼泽地带捕食鱼和昆虫，种类很多，常见的有丹顶鹤、白鹤、灰鹤等；形，形状、形态；掌，指手掌。

鹤形掌，模仿仙鹤啄食的动作向前或向上挤入、刺进的技术。鹤形掌技术应用可以变化出进手上穿、顾手上掤等。

【要点】

掌心向下，刺进为插；向上掤起，掌根发力。

第十节　熊形基本技术

一、肩靠技术

肩，人手臂上部与躯干相连的部分，通称肩膀；靠，本意是指倚着，挨近、接近，妥当可信赖，彼此间的距离近等。

肩靠，用肩膀紧挨着击打对方的技术。肩靠技术应用可以变化出里靠、外靠、后靠等。

【要点】

贴身靠打，骤然发力；以腰带劲，抖放而出。

二、反插掌技术

反，相反，与"正"相对；插，把细长或薄的东西放进、挤入、刺进或穿入、插上、插进等；掌，指手掌。

反插掌，用反手掌的指尖刺进击打的技术。反插掌技术应用可以变化出反插眼鼻、反插胸腹、反插裆部等。

【要点】

与正相对，刺进击打；力达指尖，瞬间发力。

三、单托掌技术

单，一只手；托，用手掌承着东西；掌，指手掌。

单托掌，用手掌向上支承击打的技术。单托掌技术应用可以变化出托肘关节、托腋下、托下颌等。

【要点】

掌心向上，用力支承；击打干脆，力达掌根。

四、双搓掌技术

双，指两手；搓，两个手掌反复摩擦，或把手掌放在别的东西上来回揉，手拿一种东西在另一种东西上摩擦；掌，指手掌。

双搓掌，用两手前后摩擦，一手用力向上撅起，另一手向下按压的技术。双搓掌技术应用可以变化出搓肘关节、搓肩关节、搓膝关节等。

【要点】

前后摩擦，相对用力；撅起有力，按压突然。

第十一节 狮形基本技术

一、切掌技术

切，用刀把物品分成若干部分；掌，指手掌。

切掌，用掌外沿化掌为刀横向击打的技术。切掌技术应用可以变化出切脖掌、切肋掌、切腹掌等。

【要点】

横向用力，力达掌沿；化掌为刀，短促干脆。

二、横拨掌技术

横，从左到右或从右到左；拨，手脚或棍棒等横着用力，使东西移动；

掌，指手掌。

横拨掌，用手掌从左到右或从右到左，用力使对方肢体移动的技术。横拨掌技术应用可以变化出横拨手腕、横拨肘关节、横拨小腿等。

【要点】

左右移开，横拨有力，以腰带劲，力达掌指。

三、搂推掌技术

搂，向自己的方向拨；推，向外用力使物体或物体的某一部分顺着用力的方向移动；掌，指手掌。

搂推掌，一手用手掌向自己的方向拨，另一手向前用力击打的技术。搂推掌技术应用可以变化出搂腰推下颌、搂腿推胸等。

【要点】

搂拨及时，准确牢固；用力前推，迅猛有力。

四、手别摔技术（二）

手，人体上肢前端能拿东西的部分；别，卡住，插住，绊住；摔，身体失去平衡而倒下。

手别摔，用手绊住对方使其身体失去平衡而倒下的技术。手别摔技术应用可以变化出手别臂摔、手别腿摔等。

【要点】

一拉一别，相对用力；绊住牢固，捌劲旋转。

第十二节　鹰形基本技术

一、叼抓技术

叼，用嘴衔着某种东西，被衔的东西相当部分露在嘴外；抓，手指聚拢，使物体固定在手中。

叼抓，用手扣住、夹住握在手中的技术。叼抓技术应用可以变化出直叼（前叼）、外叼（旁叼）、里叼（扣叼）、下叼（按叼）等。

【要点】
扣抓准确，及时有力；抓握牢固，旋腕灵活。

二、鹰爪掌技术

鹰，鸟，上嘴呈勾形，颈短，脚部有长毛，足趾有长而锐利的爪，是猛禽，捕食小兽及其他鸟类，种类很多，如苍鹰、雀鹰、老鹰等；爪，鸟兽的脚或趾甲；掌，指手掌。

鹰爪掌，模仿老鹰抓鸡的动作技术。鹰爪掌技术应用可以变化出锁喉手（含错喉手）、锁腋手、锁裆手、锁颈手等。

【要点】
虎口撑圆，三指弯曲；拇食相对，抓扣有力。

三、双分掌技术

双，指两手；分，由整体中取出或产生出一部分；掌，指手掌。

双分掌，用掌外侧向左右或右左用力击打的技术。双分掌技术应用可以变化出双分脖颈、双分软肋等。

【要点】

两掌同时，向外分开；突然迅猛，力达掌沿。

四、双切掌技术

双，两手；切，用刀把物品分成若干部分；掌，指手掌。

双切掌，用掌外沿分别向两侧用力击打的技术。双切掌技术应用可以变化出双切脖颈、双切软肋等。

【要点】

两掌外沿，用力击打；以腰带劲，干脆短促。

第十三节　鹞形基本技术

一、翻手掌技术

翻，上下或内外交换位置；手，人体上肢前端能拿东西的部分；掌，指手掌。

翻手掌，用手背向上击打的技术。翻手掌技术应用可以变化出左右翻手、上下翻手等。

【要点】

从下向上，翻转击打；力达手背，发力干脆。

二、转身插掌技术

转身，使身体向左右、右左、右后、左后拧转；插，把细长或薄的东西放进、挤入、刺进或穿入、插上、插进等；掌，指手掌。

转身插掌，用掌指转身击打的技术。转身插掌技术应用可以变化出转身插面、转身插胸腹等。

【要点】

转身插掌，力达指尖，突然猛力。

三、提掌技术

提，垂手拿着有环、柄或绳套的东西，向上或向前引领；掌，指手掌。

提掌，用掌内侧向上或向前引领击打的技术。提掌技术应用可以变化出提裆掌、提下颌、提腋下等。

【要点】

向上引领，力达内侧；以腰带劲，骤然发力。

第四章　技击方法应用144例

本章主要介绍防身技法应用，对龙形四势用法、蛇形四势技击法、燕形四势技击法、猴形四势技击法、虎形四势技击法、豹形四势技击法、马形四势技击法、鸡形四势技击法、鹤形四势技击法、熊形四势技击法、狮形四势技击法、鹰形四势技击法、鹞形四势技击法等十三部分内容进行研究和论述。

第一节　龙形四势技击法

一、横推掌用法6例

1. 横推脸侧

【动作要领】

当对方突然以右手摆拳向我左侧头部打来时，我左手迅速向上挑起拦截对方右拳攻击（掤）；随即我身体微向右转，以腰带劲，左掌向内横推对方脸右侧（捋），力达掌根；迫使对方下颌骨脱臼。（图4-1、图4-2）

【要点说明】

上挑拦截，起落之间；腰微右转，捋劲横推；以腰带劲，力达掌根。

【易犯错误】

上挑拦截动作过大，有向外横格动作，起手动作缓慢；腰不右转，不能以腰带劲，没有横向的捋劲，力不达掌根。

图4-1　　　　　　　　　　　　　图4-2

2. 横推肩外侧

【动作要领】

当对方突然以左手冲拳向我面部发动攻击时，我左手迅速向上挑起拦截对方左手臂（掤）；随即我左脚向左横向移步45°（让位）；同时，左手旋腕扣抓对方左手腕，向右横向带拉；然后以腰带劲，右掌向左横推对方肩关节（捌），力达掌根；两手横向相对用力，迫使对方肩关节脱臼。（图4-3、图4-4）

图4-3　　　　　　　　　　　　　图4-4

【要点说明】

起手挑掌，短快及时；闪步扣腕，左搬右推。

【易犯错误】

起手挑掌幅度过大；旋腕扣抓脱把，左右手没有横向相对用力。

3. 横推肘关节

【动作要领】

当对方突然以右手冲拳向我头部发动攻击时，我左脚迅速向左横向移步45°闪避其锋芒（让位）；同时右手向外横向拦截对方右手臂（挒），力达掌外沿；然后我右手旋腕扣抓对方右手腕，腰微右转向怀中横向带拉（挒）；同时，以左掌横推对方肘关节（挒）；两手横向相对用力，迫使对方肘关节脱臼。（图4-5、图4-6）

图4-5

图4-6

【要点说明】

闪步要快，拦截及时；旋腕贴臂，抓腕要牢；右手横搬，左手推肘。

【易犯错误】

闪步超过45°，拦截错过时机；旋腕抓扣不准，两手不能形成横向杠杆力。

4. 横推手臂

【动作要领】

当对方突然以右手摆拳向我左侧头部发动攻击时，我左脚迅速向左横向移动45°避开其攻击（让位）；同时，左掌向右横推对方右手臂，化解对方来力（捯）；然后两脚迅速向前上步踏进对方洪门（夺位）；同时，两掌向前猛推对方胸部（挤），以腰带劲，力达掌根；迫使对方胸部软骨组织损伤。（图4-7、图4-8）

图4-7

图4-8

【要点说明】

闪步让位，避其锋芒；左手横推，化险为夷；踏进洪门[4]，力达掌根。

【易犯错误】

闪步让位不及时，左手横推脱把，踏进洪门不进门，力不达掌根。

5. 横推膝关节

【动作要领】

当对方突然以右脚侧踢向我左侧肋部发动攻击时，我左脚迅速向左横向移步45°（让位）；同时，我身体重心稍下沉，左手随即抄抓对方右小腿向怀中搂抱（捌）；然后以右掌向左横推对方膝关节（捌），以腰带劲，力达掌根；迫使对方膝关节脱臼。（图4-9、图4-10）

图4-9

图4-10

【要点说明】

闪步蹲身，搂腿及时；右掌横推，以腰带劲。

【易犯错误】

闪步时重心不下沉，抄抓时脱把，搂抱不牢固，横推掌没有以腰带劲。

6. 横推髋关节内侧

【动作要领】

当对方突然以左脚侧踢向我右侧肋部发动攻击时，我左脚迅速向左横向移步45°（让位）；同时，我身体重心稍下沉，右手随即抄抓对方左小腿向怀中搂抱（捯）；然后以左掌向左横推对方髋关节（捯），以腰带劲，力达掌根；迫使对方髋关节脱臼。（图4-11、图4-12）

图4-11

图4-12

【要点说明】

闪步要快，搂腿及时；左掌横推，以腰带劲。

【易犯错误】

闪步时重心不下沉，抄抓时脱把，搂抱不牢固，横推掌没有以腰带劲。

二、卡嗦掌用法7例

1. 卡嗦掌

【动作要领】

当对方突然以右手冲拳向我头部发动攻击时，我迅速以左手向上挑起拦截对方右手臂（掤），使其攻击失利；在对方旧力已去新力未生之际，我左手外旋扣抓对方右手腕，向怀中带拉（采）；同时，我重心前移，右腿向前蹬踢对方裆部（挤），力达脚跟；左手向前卡住对方脖颈（挤），力达虎口；迫使对方裆部损伤、呼吸受阻。（图4-13、图4-14）

图4-13

图4-14

【要点说明】

挑掌抓腕，及时准确；拉腕蹬腿，卡嗉合一[5]。

【易犯错误】

挑掌与抓腕动作脱节，抓腕带拉与右蹬腿、卡嗉掌不能三位一体。

2. 卡腋掌

【动作要领】

当对方突然以右手冲拳向我胸部发动攻击时，我左脚迅速向后撤一小步（让位），右手提起向右横拨（捯），化解对方的强有力的攻击；随即我身体重心前移，左脚向前逼进对方洪门（夺位），右脚紧跟，右手旋腕扣抓对方右手腕，向下用力撅腕（采）；同时，左掌向上卡住对方肩关节窝（掤），力达虎口；迫使对方重心上提，失去反抗能力。（图4-15、图4-16）

图4-15

图4-16

【要点说明】

撤步要快，横拨及时；洪门夺位，后脚紧随；撅腕卡掌，采挪结合。

【易犯错误】

撤步不迅速，横拨不及时；踏洪门后脚不跟进；撅腕卡掌动作不合二为一。

3. 卡腕掌

【动作要领】

当对方突然以右手向下扣抓我右手腕时，我迅速将身体重心后移，左脚向后撤一小步（让位）；同时，我右手向怀中带拉，以左手卡掌向前下方挫击对方右手腕（采），力达虎口；迫使对方右手回撤。（图4-17、图4-18）

图4-17

图4-18

【要点说明】

收腿及时，带拉有力；卡掌挫腕，力达虎口。

【易犯错误】

收腿不及时，拉带无力；卡掌挫腕没有采劲。

4. 卡肩掌

【动作要领】

当对方突然以左手摆拳向我右侧头部发动攻击时，我右脚迅速向右横移45°（让位）；同时，左手向左横拨对方左手臂（捌），改变对方攻击力的方向；随即我左手旋腕抓扣对方左手腕，向外、向上旋拧；同时，右膝关节跪压对方左腿腘窝，右掌向下卡按对方肩关节（按），力达虎口，两手上下相对用力；迫使对方肩关节、腕关节同时损伤或脱臼。（图4-19、图4-20）

图4-19

图4-20

【要点说明】

闪步横拨，及时果断；抓腕旋拧，向外上翻；跪腿卡掌要同步而行。

【易犯错误】

闪步横拨时不能果断及时，抓腕旋拧时不上翻，与跪腿、卡掌不同步。

5. 卡膝掌

【动作要领】

当对方突然以左侧踹腿向我腹部发动攻击时，我迅速吞身、收腹、撤步（让位）以避其险；随即，我左手抓握对方左脚尖，右手托住对方左脚跟，两手相对旋拧（捯）；迫使对方向右转身以求自保；然后右脚向前逼进对方中宫（夺位），右掌向下卡按对方左腿腘窝（按），力达虎口；左手向上（掤）与右手向下（按）相对用力；迫使对方跪地求饶。（图4-21、图4-22）

图4-21

图4-22

【要点说明】

吞身收腹，撤步避险；旋拧脚腕，捆按结合。

【易犯错误】

吞身不收腹，撤步不及时；旋拧不突然，捆按动作脱节。

6. 卡胯掌

【动作要领】

当对方突然以右脚向前蹬踢我胸腹时，我迅速吞身、收腹、撤步（让位）以避其险；同时，左手向上托住对方右脚跟（捆），右手向前推挤对方右脚尖（挤）；然后左脚向左前上方移步，右脚紧随一小步，逼进对方右翼（夺位）；同时，左手抄抱对方右小腿，右掌向下卡按对方右胯关节内侧（按），力达虎口；迫使对方失重倒地。（图4-23、图4-24）

【要点说明】

吞身收腹，托脚及时；两脚斜行，动作迅速；左手缠绕，抄抱要牢；右掌卡胯，力达虎口。

图4-23

图4-24

【易犯错误】

吞身、收腹、托脚动作脱节，不能一气呵成；两脚斜行、左手缠绕抄抱小腿与右掌卡胯，整个动作不能同步完成。

7. 卡肘掌

【动作要领】

当对方以左手冲拳向我头部虚晃一招时，其目的是引诱激怒我直进；我早已识破对方诱敌深入之术，并未冒然直进；对方随即改变战术，两脚向左闪身移步让开中宫直线（让位），抢占我左翼有利地形（夺位），以右手摆拳向我左侧头部发动攻击；此时，我两脚迅速向前上步直行；左手向左格挡对方右前臂，随即抓扣对方右手腕；然后我左脚向后撤步，身体向左后拧转翻身180°，右掌向上卡按对方右肘关节窝（掤），力达虎口；我左手前拉、右手卡带、右脚绊捌以及转腰翻身四力合一，迫使对方翻身倒地。（图4-25、图4-26）

【要点说明】

进步直行，格挡抓腕；卡肘撤步，捌腿转身；挑腿上举，翻身大背。

图4-25

图4-26

【易犯错误】

进步直行速度过缓，格挡不及时，抓腕脱把；卡肘部位不准确，撤步幅度过大，捌腿不能起到捆绑作用，转身不先转脚直接转腰；挑腿上举动作过小，翻身大背不拱臀。

三、手别摔用法4例

1. 手别膝摔

【动作要领】

当对方突然向前上步逼进我中宫；同时，以右手摆拳向我左侧头部发动攻击时；我右脚迅速回收一小步以避其险（让位）；同时，右手向前拦截对方右前臂并向右横拨化解其来力（捌）；随即右脚迅速向前上步蹲身，踏进对方中宫，左脚紧随；左手搬捌对方右膝关节外侧（捌），右手向左横推对方左侧头部（捌），两手相对用力；迫使对方失重倒地。（图4-27、图4-28）

图4-27　　　　　　　　　　　　　图4-28

【要点说明】

撤步迅速，拦截及时；右脚进步，左脚紧随；蹲身下潜，避其锋芒；左手搬腿，右手击头。

【易犯错误】

撤步缓慢，拦截不及时，右脚进步左脚不随，身体直立不蹲身下潜，左手搬腿与右手击头不同时进行，没有形成相对的合力。

2. 手别腰摔

【动作要领】

当对方突然以右手摆拳向我左侧头部发动攻击时；我采取"硬打硬进"之法，左脚直行抢进中宫（夺位），右脚紧随；同时，以左手向前拦截对方右前臂并向右横拨化解其来力（捌）；随即两脚迅速向左前斜行旋走至对方右翼

（让位），捌住对方右腿步过于人；同时，左手搂抱对方后腰（捌），右手横击对方左侧头部（捌）；两手相对用力，迫使对方失重倒地。（图4-29、图4-30）

图4-29

图4-30

【要点说明】

左脚直行，硬打硬进；拦截迅速，横向化解；旋走右翼，步过于人；左手搂腰，右手击头。

【易犯错误】

左脚直行犹豫不决，硬打硬进有所顾及，拦截横拨二力脱节，旋走右翼步不过于人，左手搂腰不牢，右手击头幅度过小。

3. 手别臂摔

【动作要领】

当对方突然以左手冲拳向我胸部发动攻击时，我右脚迅速回收一小步以避其险（让位）；同时，左手从左向右横拨对方左手臂（捌）；随即，右脚向前进步，左脚紧随，逼进对方中宫直线（夺位）；同时，右手向左横推对方左肘

关节外侧（挒）；两手相对用力（剪子手），迫使对方肘关节脱臼或损伤。（图4-31、图4-32）

图4-31　　　　　　　　　　　图4-32

【要点说明】

让位及时，横拨有力；逼进中宫，两手剪错。

【易犯错误】

撤步动作迟缓，左手横拨无力，两手不能相对用力。

4. 手别脚摔

【动作要领】

当对方突然以右腿侧踹我胸部时，我迅速向左前方斜行以避开对方的攻击（让位），左手向右横拨对方右小腿（挒）；随即，右手横推对方右膝关节，力达掌根；两手相对用力（剪子手），迫使对方膝关节脱臼或损伤而失重倒地。（图4-33、图4-34）

【要点说明】

闪身移步，动作迅速；两手相对用力。

图4-33

图4-34

【易犯错误】

闪身移步动作迟缓,两手没有相对合力。

四、龙爪掌用法5例

1. 抓脸

【动作要领】

当对方突然向前上步,以右手冲拳向我头部发动攻击时,我两脚迅速向前上方斜行(让位);同时,以左手向左横格对方右手臂(捌);随即身体重心前移,以右爪向前推抓对方面部(挤);迫使对方面部受伤而后退。(图4-35、图4-36)

【要点说明】

闪步及时,格挡有力;重心前移,探爪突然。

图4-35

图4-36

【易犯错误】

闪步格挡迟缓，动作犹豫不决；探爪时重心不前移，没有突发性。

2. 抓胸腹

【动作要领】

当对方突然向前上步，以右手冲拳向我腹部打来时，我两脚迅速向左闪身移步（让位），以左手向下按压对方右手臂（按）；随即，身体重心前移，以右爪向前推抓对方胸腹部（挤）；迫使对方心脏或腹部神经丛损伤。（图4-37、图4-38）

【要点说明】

闪身移步，动作迅速；按臂推爪，突然有力。

【易犯错误】

闪身、移步、按臂和推爪组合动作不能一气呵成。

图4-37　　　　　　　　　　　图4-38

3. 抓裆

【动作要领】

当对方突然以右脚侧弹踢向我左侧肋部发动攻击时，我左脚迅速向左闪身移步（让位）；同时，以右手抄抱对方右小腿（捯）；随即右脚向前跟进半步，身体重心前移，以右爪向前推抓对方裆部（挤）；迫使对方裆部损伤或倒地。（图4-39、图4-40）

图4-39

图4-40

【要点说明】

闪步抄抱，及时牢固；跟步推爪，重心前移。

【易犯错误】

闪步和抄抱动作脱节，移步速度迟缓，抄抱脱把；跟步和推爪不同时进行。

4. 抓耳朵

【动作要领】

当对方突然向前上步，以右手冲拳向我头部打来时，我左脚迅速向左闪身移步（让位）；同时，以右手向外格挡对方右手臂（捌）；随即右脚向前跟进半步，身体重心前移，右爪向右横向推抓对方左侧耳部（捌）；迫使对方左侧耳部损伤或疼痛难忍，失去反抗机会。（图4-41、图4-42）

【要点说明】

闪步及时，格挡有力；跟步前移，横抓迅猛。

图4-41

图4-42

【易犯错误】

闪步不及时，格挡没有横向捯劲，跟步时重心不前移，横向推抓动作没有突发性。

5. 抓软肋

【动作要领】

当对方突然进身，两手欲抓我两肩部时，我两手迅速向两侧横拨对方两手臂（捯）；随即，右脚紧跟半步，使身体重心下移；同时，以两爪从两侧分别推抓对方两侧肋部（捯），迫使对方肋部软骨组织损伤。（图4-43、图4-44）

图4-43   图4-44

【要点说明】

拨掌及时，跟步迅速；重心下移，抓肋有力。

【易犯错误】

两手拨掌时没有横捌劲，跟步时重心不下移，两手同时抓肋没有相对的捌劲。

第二节　蛇形四势技击法

一、蛇缠掌用法2例

1. 蛇叼

【动作要领】

当对方突然两脚直行，以右手冲拳向我胸部打来时，我左脚迅速向左横向移步（让位）；同时，左手叼抓对方右手腕（捌）；随即，身体微左转以

右手向下劈砍对方右肘关节（采）；迫使对方肘关节脱臼或损伤。（图4-45、图4-46）

图4-45

图4-46

【要点说明】

直来横走，不抵不顶[6]；叼手抓腕，及时准确；转身劈掌，以腰带劲。

【易犯错误】

横走避让不能斜行，叼手抓腕不及时准确，转身劈掌不以腰带劲。

2. 蛇缠

【动作要领】

当对方突然以右手冲拳向我胸部打来时，我两脚迅速向前上步踏进中宫直线（夺位）；同时，左手叼抓对方右手腕向左、向下、向上旋拧（捆），左手按压对方肘关节窝（按）；随即，右脚迅速向前逼进对方中宫（夺位），左手向上、向后、向下撅按对方右手腕（按），右手向上托掀对方肘关节（捆）；两手相向用力，迫使对方腕关节、肘关节和肩关节脱臼或损伤。（图4-47、图4-48）

图4-47　　　　　　　　　　图4-48

【要点说明】

叼腕要准，旋拧及时；步法连环，按掌有力；撅腕要拉，托肘要掀。

【易犯错误】

叼腕不准，旋拧不及时；步法连环不跟进，按掌无力；撅腕时没有下拉动作，托肘时没有向上掀起动作。

二、穿掌用法4例

1. 穿喉

【动作要领】

当对方突然以右手冲拳向我腹部打来时，我迅速以左手向下按抓对方右手腕并向怀中带拉（捋）；随即，两脚向前直行逼进对方中宫（夺位），以右手向前穿插对方喉关节（挤）；两手相对用力，迫使对方喉关节损伤。（图4-49、图4-50）

图4-49　　　　　　　　图4-50

【要点说明】

抓按及时，带拉有力；进步迅速，穿掌突然。

【易犯错误】

抓按不及时，带拉无力；进步迟缓，穿掌没有突发性。

2. 穿胸腹

【动作要领】

当对方突然以右手冲拳向我腹部打来时，我身体重心稍下移，以左手向左下按并横拨对方右手臂（捌），以求化解对方来力；随即两脚迅速直行进步（夺位）；同时，右手向前穿插对方胸腹部（挤），迫使对方心脏或腹部神经丛损伤。（图4-51、图4-52）

【要点说明】

横拨有力，进步及时；穿掌突然，一触即发。

【易犯错误】

横拨无力，进步不及时；穿掌没有突发性，发力不干脆。

图4-51

图4-52

3. 穿裆

【动作要领】

当对方突然以右手冲拳向我头部打来时,我左手迅速向外格挡对方右手臂(捌);随即,两脚迅速进步直行(夺位),蹲身下潜,以右手向前穿插对方裆部(挤),迫使对方裆部损伤。(图4-53、图4-54)

图4-53

图4-54

【要点说明】

格挡有力，进步迅速；蹲身及时，插裆突然。

【易犯错误】

格挡无力，进步迟缓；蹲身不及时，插裆没有突发性。

4. 穿腋

【动作要领】

当对方突然以右手冲拳向我头部打来时，我迅速以右手横格对方右手臂，抓腕下捌（采）；随即，左脚向前上一小步，左手穿插对方右腋窝（挤）；在捌腕和穿掌的合围下，迫使对方腕关节、腋下神经丛损伤。（图4-55、图4-56）

图4-55

图4-56

【要点说明】

格挡及时，捌腕要狠；进步穿掌，突然有力。

【易犯错误】

格挡不及时，捌腕不迅猛；进步穿掌不同时进行，没有突发性。

三、双捋掌用法2例

1. 顺捋

【动作要领】

当对方突然以右手冲拳向我胸部打来时,我右手迅速向上抬起,向右横格对方右手臂(挒);随即,右手抓腕,左手按压对方肘关节(按),两手向怀中带拉(捋);同时,右脚向后撤一小步;迫使对方身体重心前倾,失去反抗机会。(图4-57、图4-58)

图4-57

图4-58

【要点说明】

格挡及时,抓腕要准;按掌有力,撤步助力;两手捋带,以腰带劲。

【易犯错误】

格挡不及时,抓腕不准确;按掌无力,撤步幅度过大;两手捋带没有以腰带劲。

2. 拧捋

【动作要领】

当对方突然以右手冲拳向头部打来时,我迅速以左手向左格挡对方右手臂（捌）；随即,左手叼抓对方右手腕,右手抓扣对方肘关节,左脚向左横向移步（让位）,两手同时向左旋拧（捌）；迫使对方身体重心失去平衡而倒地。（图4-59、图4-60）

图4-59

图4-60

【要点说明】

格挡及时,抓腕要准；抓肘要狠,移步要快；旋拧迅猛,突然有力。

【易犯错误】

格挡不及时,抓腕不准确；抓肘时不狠,移步不快速；旋拧动作不迅猛,没有突发性。

四、单掌用法5例

1. 推脸

【动作要领】

当对方突然以左手冲拳向我头部打来时,我右手迅速上提,向右格挡对方左手臂(挒);随即两脚急速向前上步(夺位),以腰带劲,右手翻掌前推对方面部(挤),迫使对方视力模糊,泪流满面。(图4-61、图4-62)

图4-61

图4-62

【要点说明】

格挡迅速,上步及时;以腰带劲,翻掌前推。

【易犯错误】

格挡迟缓,上步不及时;翻掌前推时没有以腰带劲。

2. 推下颌

【动作要领】

当对方突然以右手冲拳向我腹部打来时，我迅速以左手向左横拨对方右手臂（捯），化解其来力；随即两脚直行向前进步（夺位），左手搂抱对方腰部，右手向前猛推对方下颌（挤）；两手相对用力，迫使对方失去反抗能力。（图4-63、图4-64）

图4-63

图4-64

【要点说明】

拨掌及时，进步缓慢；搂腰要牢，推颌要狠。

【易犯错误】

拨掌不及时，进步快速；搂腰不牢固，推颌不迅猛。

3. 推胸腹

【动作要领】

当对方突然以右手冲拳向我胸部打来时，我左手迅速向上抬起，向左格挡对方右手臂（捯），以求化险为夷；随即，左手叼抓对方右手腕向怀中带拉

（捋）；同时，两脚向前上步重心下移（夺位），以右掌向前推击对方胸腹部（挤）；在左手拉臂、右手前推的撞击下，迫使对方心脏或腹部神经丛损伤。（图4-65、图4-66）

图4-65

图4-66

【要点说明】

起手格挡，动作迅速；抓腕带拉，及时有力；进步推掌，突发迅猛。

【易犯错误】

起手格挡，动作不迅速，抓腕带拉，不及时，进步推掌，不突然迅猛。

4. 推下裆

【动作要领】

当对方突然以右脚侧弹踢向我左侧肋部发动攻击时，我左脚迅速横向移步（让位）；同时，左手抄抱对方右小腿（采）；右脚向前跟进半步，身体左转重心前移，以右掌向前猛推对方裆部（挤）；迫使对方失去反抗能力。（图4-67、图4-68）

【要点说明】

闪步要快，抱腿及时；跟步推掌，迅猛有力。

图4-67　　　　　　　　　　　图4-68

【易犯错误】

闪步不及时，抱腿不牢固；跟步推掌不迅猛有力。

5. 推软肋

【动作要领】

当对方突然以右手冲拳向我头部打来时，我右手迅速向右格挡（捌），以避其险；随即，右手抓扣对方右手腕向怀中带拉（捋）；同时，左脚向前上一小步（夺位），以左掌猛推对方右侧肋部（挤）；迫使对方肋部软骨组织损伤，失去反抗能力。（图4-69、图4-70）

图4-69　　　　　　　　　　　图4-70

【要点说明】

格挡抓腕，及时准确；上步要快，带拉有力；推掌迅猛，二力合一。

【易犯错误】

格挡抓腕不及时准确；上步动作缓慢，带拉与推掌二力不能合成一气。

第三节　燕形四势技击法

一、燕形掌用法6例

1. 捉眼睛

【动作要领】

当对方突然以右手摆拳向我左侧头部发动攻击时，我左手迅速上举向左格挡对方右手臂（捌）；随即，右脚向前直行跟进半步（夺位），腰微左转，以右手向前抓击对方眼睛（挤）；迫使对方视力模糊而失去反抗能力。（图4-71、图4-72）

图4-71

图4-72

【要点说明】

格挡要快，跟步及时；扭腰带劲，抓眼要狠。

【易犯错误】

格挡动作缓慢，跟步不及时；扭腰时没有以腰带劲，抓眼动作不迅猛。

2. 捉耳朵

【动作要领】

当对方以两手突然从前面抱住我腰时，我迅速蹲身下沉，以右手向前横抓对方左耳（捌），迫使对方耳部损伤而失去反抗能力。（图4-73、图4-74）

图4-73

图4-74

【要点说明】

蹲身迅速，下沉要稳；抓耳突然，动作有力。

【易犯错误】

蹲身动作缓慢，重心下沉不稳；抓耳动作没有突发性。

3. 捉鼻子

【动作要领】

当对方突然以右手抓住我左肩时，我迅速以左手向下按压对方右肘关节窝（按）；随即，右脚向前跟进直行一小步（夺位），腰微左转，以右手向前抓击对方鼻子（挤）；迫使对方鼻孔流血或损伤。（图4-75、图4-76）

图4-75　　　　　　　　　　　图4-76

【要点说明】

按掌及时，跟步要快；转腰抓鼻，动作迅猛。

【易犯错误】

按掌不及时，跟步动作缓慢；转腰抓鼻时动作没有突发性。

4. 捉胸

【动作要领】

当对方从前面欲以两手抓按我两肩时，我迅速以两手分别向两侧拨开对方两手臂（挒）；随即，两脚迅速向前上步直行，踏进对方中宫（夺位），以两手同时向前抓击对方胸部（挤）；迫使对方胸大肌损伤。（图4-77、图4-78）

图4-77　　　　　　　　　　　　图4-78

【要点说明】

拨臂及时，进步要快；抓击要狠，力达指尖。

【易犯错误】

拨臂不及时，进步动作缓慢；抓击动作不迅猛。

5. 捉腋下

【动作要领】

当对方突然以右手冲拳向我头部打来时，我左手迅速向左格挡（挒）以避其险，随即左手抓扣对方右手腕；左脚向左前上方移步斜行，右脚紧跟半步（夺位），以右手向前抓击对方右腋下肌肉（挤）；迫使对方疼痛难忍而失去反抗能力。（图4-79、图4-80）

【要点说明】

格挡拦截，抓扣手腕；移步斜行，抓击有力。

图4-79

图4-80

【易犯错误】

格挡拦截不及时，抓扣手腕不准确；移步斜行缓慢，抓击腋下肌肉不突然。

6. 捉裆

【动作要领】

当对方两脚向前上步直行，以右手摆拳向我左侧头部打来时，我两脚迅速向右斜行，以避开对方锋芒；同时，左手向右横推对方右手臂（挒）；随即，转身左斜行蹲身下潜，以右手向前下方抓击对方裆部（采）；迫使对方疼痛难忍。（图4-81、图4-82）

图4-81

图4-82

【要点说明】

左右斜行，旋走两翼；横向推掌，及时有力；蹲身下潜，抓裆迅猛。

【易犯错误】

左右斜行运动速度、反应迟缓，横向推掌防手不及时有力，蹲身下潜时抓击裆部没有突发性。

二、撩阴掌用法3例

1. 上撩阴掌

【动作要领】

当对方突然以右摆拳向我左侧头部发动攻击时，我左脚向前上一小步，迅速以左手向左格挡对方右手臂（捌）；随即，右脚紧跟半步直行（夺位），右手向上撩抓对方下颌（挒）；迫使对方下颌骨损伤。（图4-83、图4-84）

图4-83

图4-84

【要点说明】

进步要快，格挡及时；跟步助力，上撩突然。

【易犯错误】

进步格挡不及时,跟步上撩不突然。

2. 中撩阴掌

【动作要领】

当对方两脚直行逼进我中宫,突然以右手勾拳向我腹部打来时,我左脚迅速向左移步斜行(让位);同时,以左手向下按压对方右手臂(按);随即,右脚向前跟步直行(夺位),以右手向前撩抓对方心脏(搊);迫使对方心脏损伤或痉挛。(图4-85、图4-86)

图4-85

图4-86

【要点说明】

闪步要快,按掌及时;跟步撩掌,动作有力。

【易犯错误】

闪步按掌动作脱节,跟步撩掌动作没有突发性。

3. 下撩阴掌

【动作要领】

当对方两脚向前上步直行逼进我中宫,以右手摆拳向我左侧头部发动攻击时，我迅速向左闪步移身，避开对方右拳攻击；随即，我右脚向前上步蹲身下潜，抢占中宫直线（夺位）；同时，以右手向前撩抓对方裆部（掤）；迫使对方裆部疼痛难忍。（图4-87、图4-88）

图4-87

图4-88

【要点说明】

闪步移身，左翼斜行；右脚进步，踏进中宫；蹲身下潜，撩抓裆部。

【易犯错误】

闪步移身不走斜线，右脚进步不是直行，蹲身下潜时抓击裆部不突然。

三、拧脖摔应用方法4例

1. 后搬脖颈

【动作要领】

当对方从前面突然抱住我腰时，我右手迅速抓住对方头顶（按），左手托住对方下颌（掤）；然后右手下按，左手上掤，使对方颈部向后运动超过极限；导致对方颈椎关节损伤。（图4-89、图4-90）

图4-89

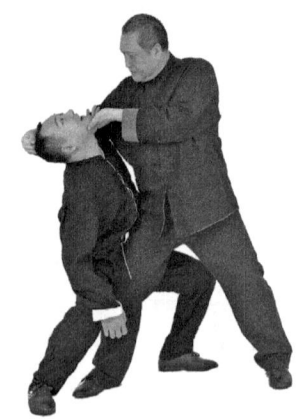

图4-90

【要点说明】

抓头要快，托颌及时；按掌有力，上掤突然。

【易犯错误】

抓头托颌动作缓慢，按掌上掤动作不相向用力。

2. 前拉膝顶

【动作要领】

我左脚突然向前上步，以右手向下抓按对方头顶（按），左手向上抠抓对方下颌；同时，以右腿膝关节向上撞击对方面部（掤）；使对方面部受伤。（图4-91、图4-92）

【要点说明】

抓按要牢，抠抓要狠；提膝迅速，撞面迅猛。

【易犯错误】

抓按对方头顶脱把，抠抓对方下颌滑脱，提膝动作不迅速，撞击对方面部不狠。

图4-91　　　　　　　　　　　图4-92

3. 右拧脖摔

【动作要领】

当对方突然从前面抱住我腰时，我右手迅速抓按对方头顶（按），左手抠抓对方下颌（搊）；然后我右手向右、向下按压，左手向上、向右托起，两手顺时针用力转动；使对方脖颈向右运动超过极限，导致颈椎关节损伤。（图4-93、图4-94）

图4-93　　　　　　　　　　　图4-94

【要点说明】

抓按牢固，抠抓要狠；旋转搬拧，突发有力。

【易犯错误】

抓按对方头顶不牢固，抠抓对方下颌不狠，旋转搬拧没有突发性，达不到极限。

4. 左拧脖摔

【动作要领】

当对方突然从前面抱住我腰时，我右手迅速抓按对方头顶（按），左手抠抓对方下颌（搁）；然后我右手向左、向下按压，左手向右、向上托起，两手逆时针用力旋转；使对方脖颈向左运动超过极限，导致颈椎关节损伤。（图4-95、图4-96）

图4-95

图4-96

【要点说明】

抓按及时，抠抓有力；逆式旋转，突发有力。

【易犯错误】

抓按不及时，抠抓无力，逆式旋转动作不突然。

第四节　猴形四势技击法

一、勾搂掌用法2例

1. 勾手腕

【动作要领】

当对方两脚向前上步直行，以右手冲拳向我胸部打来时，我左脚向左横向移步（让位），左手从左向右横格对方右手臂（捌）；然后，左手勾手腕（勾搂掌），向左横向拨开对方右手臂（捌）；迫使对方右手冲拳改变方向。（图4-97、图4-98）

图4-97

图4-98

【要点说明】

左手格挡，快速及时；勾腕搂掌[7]，横拨有力。

【易犯错误】

左手格挡速度缓慢不及时，勾腕搂掌没有横拨的劲力。

2. 勾脚腕

【动作要领】

当对方以右脚侧踹腿向我腹部发动攻击时，我迅速以左勾搂掌向左勾挂对方左脚踝（捌），使其向左侧移开；随即，两脚向左前上方斜行（夺位），以右手向前劈砍对方右侧大腿（采）；迫使对方右侧大腿肌肉群痉挛。（图4-99、图4-100）

图4-99

图4-100

【要点说明】

勾掌挂腿，动作及时；移步斜行，速度要快；右掌下劈，迅猛有力。

【易犯错误】

勾掌挂腿时动作不及时，移步斜行时速度较慢，右掌下劈时动作无力。

二、劈进掌用法4例

1. 进手连环劈进

【动作要领】

我左脚突然向前上一小步，踏进对方中宫直线（夺位）；同时，左手向前劈砍对方面部（采），如果对方以右手向外格挡；此时我右脚迅速向前跟进半步（夺位），在对方旧力已去新力未生之际，我从右向前再次猛劈对方面部（采）；在连续两次劈掌的作用下，迫使对方面部受到攻击，而造成面部损伤。（图4-101、图4-102）

图4-101

图4-102

【要点说明】

左脚进步，左手劈掌；右脚跟步，右手劈掌；连环上步，两次劈掌。

【易犯错误】

左脚进步时左劈掌幅度过大，右脚跟步右手劈掌动作过小，连环步动作脱节，两次劈掌阴阳虚实不清。

2. 顾手连环劈进

【动作要领】

当对方两脚向前上步直行，以右手冲拳向我胸部打来时，我左脚迅速向后撤一小步（让位）；同时，以左手向下劈砍对方右手臂（采）；如果对方步步紧逼，一击未中二次连击紧随，如果对方再次以右手冲拳向我胸部打来，此时我两脚迅速向左前斜行（让位）；同时，以右手向下劈砍对方右手臂（采）；在两次化掌为刀劈砍对方手臂的作用下，迫使对方腕关节损伤。（图4-103、图4-104）

【要点说明】

退步劈掌，及时准确；斜行劈掌，迅猛有力。

图4-103

图4-104

【易犯错误】

退步劈掌犹豫不决，斜行劈掌没有杀伤力。

3. 进顾连环劈进

【动作要领】

我左脚突然向前上一小步，踏进对方中宫直线（夺位）；同时，左手向前劈砍对方面部（采），如果对方以右手向外格挡，两脚向前上步直行，以左手冲拳向我腹部打来时，我身体重心迅速后移，左脚向后撤一小步（让位）；同时，以右手化掌为刀向下劈砍对方左手臂（采）；迫使对方左手臂麻木或疼痛不已。（图4-105、图4-106）

【要点说明】

进步劈掌，动作迅速；撤步劈掌，及时有力。

【易犯错误】

进步劈掌动作缓慢，撤步劈掌没有爆发力。

图4-105

图4-106

4. 顾进连环劈进

【动作要领】

当对方两脚向前上步直行,以右手冲拳向我胸部打来时,我左脚迅速向后撤一小步(让位);同时,以左手向下劈砍对方右手臂(采);随即,我两脚迅速向前进步斜行(让位),以右手化掌为刀向前猛劈对方右肩胛骨;迫使对方右肩胛骨损伤。(图4-107、图4-108)

图4-107

图4-108

【要点说明】

撤步劈掌,准确及时;斜行劈掌,迅猛有力[8]。

【易犯错误】

撤步劈掌不及时或迟疑,斜行劈掌动作不迅猛。

三、横捋掌用法2例

1. 顺横捋掌

【动作要领】

当对方两脚突然向前上步,以右手冲拳向我胸部发动攻击时,我迅速向左闪身移步(让位),避开对方强有力的攻击,随即我右手抓扣对方右手腕,左手抓扣对方肘关节,两手同时向后捋带牵拉(捋),以右脚截踢对方左小腿。(图4-109、图4-110)

图4-109

图4-110

【要点说明】

闪步要快，抓扣要准；牵拉有力，截腿要狠[9]。

【易犯错误】

闪步动作缓慢不及时，抓扣不牢导致脱把；牵拉无力不能致远，截腿不狠无破坏力。

2. 拧横捋掌

【动作要领】

当对方两脚向前上步，以右手冲拳向我胸部打来时，我右脚迅速向左闪步（让位）；同时，左手抓扣对方右手腕，右手向上托住对方右肘关节，身体向左转身，左手拧腕右手掐捏，两手同时相向旋转用力；迫使对方失重倒地，同时右膝关节向下跪压对方胸部。（图4-111、图4-112）

图4-111

图4-112

【要点说明】

闪步要快，抓腕及时；托肘要牢，翻身迅猛；拧捋结合，跪压有力。

【易犯错误】

闪步动作迟疑，抓腕不及时准确；托肘动作不牢固，翻身时转腰动作不迅速；拧翻和双捋手动作配合不密切，跪压胸部没有破坏力。

四、猴形掌用法6例

1. 腕打手臂

【动作要领】

当对方突然从前面抓住我两肩时，我身体重心稍下移，随即以两猴形掌突然向上分别攻击对方两手腕关节（掤）；迫使对方疼痛难忍而收手。（图4-113、图4-114）

图4-113　　　　　　　　　　图4-114

【要点说明】

重心下移，及时快速；勾手击腕，动作迅猛。

【易犯错误】

身体重心下移动作过大，猴形掌击打腕部动作无爆发力。

2. 腕打胸腹

【动作要领】

当对方两脚向前上步，以两手掼拳同时向我头部两侧太阳穴打来时，我迅速以两手向外横拨对方两手臂（捯）；随即我两脚突然向前进步，蹲身下潜，以两猴形掌同时向前勾打对方胸腹部（掤）；迫使对方胸部或腹部神经丛损伤。（图4-115、图4-116）

图4-115

图4-116

【要点说明】

拨臂及时，进步要快；蹲身迅速，勾打有力。

【易犯错误】

拨臂动作幅度过大，进步蹲身动作迟缓，猴形掌撞打无力。

3. 腕打下颌

【动作要领】

当对方突然从前面以两手抓住我两肩时，我迅速蹲身下坐，以两猴形掌向下按压对方两肘关节（按）；随即猛然起身，以两猴形掌向上撞打对方下颌（掤）；迫使对方下颌关节脱臼。（图4-117、图4-118）

图4-117　　　　　　　　　　　图4-118

【要点说明】

蹲身突然，按压有力；起身迅猛，撞打要狠。

【易犯错误】

蹲身下坐动作过大，按压无力不能迫使对方松手，起身速度缓慢，撞打不能造成杀伤力。

4. 勾掌刨面

【动作要领】

当对方两脚向前上步，以右手冲拳向我胸腹部打来时，我左脚迅速向左横向移步（让位）；同时，以左猴形掌横拨对方右手臂（捌）；随即，右脚向前跟进一小步（夺位），以右猴形掌向前攻击对方面部（采）；造成对方面部损伤。（图4-119、图4-120）

图4-119

图4-120

【要点说明】

闪步要快，横拨及时；跟步助力，刨面迅猛。

【易犯错误】

闪身动作不快，横拨不及时，跟步没有起到助力作用，猴形掌刨面没有突发性。

5. 勾打两肋

【动作要领】

当对方突然从前面抱住我腰时，我以两猴形掌分别向两侧横拨（捌），迫使对方松手；随即身体重心下移，两脚向前上步（夺位），两猴形掌分别从两侧攻击对方两侧肋部（捌）。（图4-121、图4-122）

图4-121

图4-122

【要点说明】

拨臂及时，蹲身要快；进步迅速，击肋有力。

【易犯错误】

拨臂动作不及时，不能迫使对方松手，蹲身动作缓慢，进步击打肋部不迅猛。

6. 勾打两耳

【动作要领】

当对方两脚突然向前上步，以两手掼拳分别向我两侧太阳穴打来时，我两脚迅速向后撤一小步（让位）；同时，两猴形掌分别向两侧横向拨开对方手臂（捌）；随即我两脚突然向前上步（夺位），两猴形掌分别从两侧攻击对方两耳（捌）。（图4-123、图4-124）

【要点说明】

撤步及时，拨臂有力；进步要快，击打迅猛。

图4-123　　　　　　　　图4-124

【易犯错误】

撤步动作速度缓慢，拨臂不及时，动作无力，进步击打动作不合二为一。

第五节　虎形四势技击法

一、双扑掌用法2例

1. 扑脸

【动作要领】

当对方两脚向前上步，以双掼拳分别向我头部两侧太阳穴打来时，我左脚迅速向前上一小步，抢占中宫直线（夺位），随即两手分别从两侧拨开对方两手臂（捌）；然后右脚蹬地跟进一小步，身体微左转；同时，两手变虎爪，从上向下抓挠对方面部（采）。（图4-125、图4-126）

图4-125　　　　　　　　　　　　图4-126

【要点说明】

上步拨掌，及时果断；跟步扑面，凶猛突然。

【易犯错误】

上步拨掌时不及时果断，跟步扑面时不凶猛突然。

2. 扑胸腹

【动作要领】

当对方从前面以双手分别抓住我两肩时，我左脚迅速向前上一小步（夺位），抢占中宫直线，以两手分别向两侧拨开对方两手臂（捌）；随即，右脚蹬地跟进一小步（夺位），身体重心前移，两手变虎爪从上向下扑抓对方胸腹部（采）。（图4-127、图4-128）

【要点说明】

上步格挡，快速及时；跟步扑爪，迅猛有力。

【易犯错误】

上步格挡动作缓慢，跟步扑爪无杀伤力。

图4-127

图4-128

二、双撞掌用法2例

1. 撞胸腹

【动作要领】

当对方突然向前上步欲搂抱我腰时，我迅速迎击而上，两脚向前上步踏进中宫直线（夺位），身体重心前移，以双掌向前推撞对方胸腹部（挤）。（图4-129、图4-130）

图4-129

图4-130

【要点说明】

上步推撞，直捣黄龙[10]；重心相撞，力达掌根。

【易犯错误】

上步推撞时有多余动作，直取心脏力点不达掌根。

2. 撞软肋

【动作要领】

当对方两脚向前上步，以左手摆拳向我右侧头部发动攻击时，我右脚迅速向右前斜行跨步（让位），左手向左横拨对方左手臂（捯）；随即，左脚突然向前直行进步（夺位），右脚紧随，身体重心前移，以双掌向前猛推对方左侧肋部（挤）。（图4-131、图4-132）

图4-131

图4-132

【要点说明】

跨步拨掌，及时果断；上步推掌，动作迅猛。

【易犯错误】

跨步拨掌时手脚配合不协调，上步推掌时没有以腰带劲。

第六节　豹形四势技击法

一、横扫掌用法3例

1. 横扫眉毛

【动作要领】

我两脚突然向前上步（夺位），以右豹咀手横扫对方右侧太阳穴或眉骨（捌），如果对方格挡拦截时，我左手迅速下按对方右手臂，两脚斜行重心前移（夺位），再次以右豹咀手横扫对方左侧太阳穴或眉骨（捌）。（图4-133、图4-134）

图4-133

图4-134

【要点说明】

进步直行，左手抹眉；斜行左翼，右手抹眉。

【易犯错误】

上步直行左抹眉掌虚实动作不明显，按掌、斜行和右手抹眉时不能同步进行。

2. 横扫两肋

【动作要领】

我左脚突然向左横向移步（让位），以左豹咀手向对方右侧肋部虚晃一招（捌），如果对方以右手向下格挡；我趁对方格挡之际，右脚向前跟进一小步（夺位），以右豹咀手横扫对方左侧肋部（捌）。（图4-135、图4-136）

图4-135　　　　　　　　　　　　图4-136

【要点说明】

横向移步，动作要快；左手抹肋，虚实兼备；右脚跟步，及时果断；右手抹肋，横扫千斤。

【易犯错误】

横向移步动作迟缓，左手抹肋虚实不清，右脚跟步无助力效果，右手抹肋没有横扫千斤之力。

3. 横扫大腿两侧

【动作要领】

我突然蹲身下潜以左豹咀手向右横击对方左大腿内侧（捌），如果对方右手急忙下按格挡；我急速起身，重心稍上移，随即右脚蹬地跟进半步（夺位），再次以右豹咀手横扫对方左大腿外侧（捌）。（图4-137、图4-138）

图4-137

图4-138

【要点说明】

蹲身下潜，动作突然；左手为虚，右手为实；起身助力，横扫大腿。

【易犯错误】

蹲身下潜动作不快，左右豹咀手虚实不分明，起身助力速度过缓，横扫大腿肌肉没有爆发力。

二、臂掤靠用法2例

1. 前臂掤靠

【动作要领】

当对方左脚斜行，以右手摆拳向我左侧头部打来时，我右手迅速向左横格挡对方右手臂（捌）；随即两脚迅速上步直行，逼进对方中宫（夺位）；同时，以右前臂向前横推对方胸部（掤靠），左手按压在左前臂内侧，以增加打击力度。（图4-139、图4-140）

图4-139

图4-140

【要点说明】

右手格挡，短促干脆；进步直行，逼进裆下；横臂掤打，以腰带劲。

【易犯错误】

右手格挡动作不短促、不干脆，进步直行脚不到裆下，横臂掤打不以腰带劲。

2. 斜上掤靠

【动作要领】

当对方两脚向前上步，以左手冲拳向我胸腹部打来时，我左脚稍向后移一小步（让位），以左手向下按压对方左手臂（按）；随即我左手抓扣对方左手腕向怀中带拉（捋）；同时，右脚向前勾踢对方左小腿，同时以右手臂向前横击对方右腋下（掤靠）；在抓腕、勾踢、掤打三力合一下，将对方掀翻倒地。（图4-141、图4-142）

图4-141

图4-142

【要点说明】

撤步按掌，动作要快；抓腕拉臂，准确及时；前臂掤打，以腰带劲。

【易犯错误】

撤步按掌动作迟缓，抓腕拉臂有气无力，前臂掤打无爆发力。

三、五花掌用法2例

1. 五花掌1

【动作要领】

当对方两脚向前上步，以双掼拳分别向我两侧头部打来时，我两手迅速上下横拨（捌），随即右手抓扣对方左手腕，向怀中旋转翻拧，左手由下、向上翻转横击对方右侧耳部（捌）。（图4-143、图4-144）

图4-143　　　　　　　　　　图4-144

【要点说明】

上下横拨，同时进行；右手抓扣，旋转翻拧；左手上翻，横击有力。

【易犯错误】

上下横拨不同时进行，右手抓扣不牢固，旋转翻拧不突然，左手上翻变化不明显，横击无力。

2. 五花掌2

【动作要领】

当对方以右脚向前侧踹我胸腹部时，我两脚迅速向前上步（夺位），以左手向上抄起对方右小腿（捌）；随即，我右脚向前勾踢对方左小腿；同时，右手向前、向后横抹对方右侧脖颈（捌）；致使对方失重倒地。（图4-145、图4-146）

图4-145

图4-146

【要点说明】

上步抄手及时果断，暗腿勾踢突然有力，右手横抹动作舒展。

【易犯错误】

上步抄手动作不及时容易脱把，暗腿勾踢动作不宜彰显，右手横抹脖颈时动作过于拘谨。

四、双碟掌用法3例

1. 双碟下颌

【动作要领】

当对方两脚突然向前上步,双手从前面抓住我两肩时,我身体重心稍下移,以两手分别向外横拨对方两手臂(挒);随即,我两脚向前进步(夺位),以双碟掌向上攻击对方下颌(掤)。(图4-147、图4-148)

图4-147

图4-148

【要点说明】

横拨有力,上托突然。

【易犯错误】

两手横拨幅度过大,上托下颌时动作不干脆,力不达掌根。

2. 双碟胸腹

【动作要领】

当对方两脚突然向前上步，从前面以两手抓抱我腰时，我身体重心稍下移，以两手向外横拨对方两手臂（捌）；随即，左脚向前上一小步（夺位），以双碟掌向前猛推对方胸腹，力达掌根（挤）。（图4-149、图4-150）

图4-149

图4-150

【要点说明】

横拨及时，上步要快；推掌有力，力达掌根。

【易犯错误】

拨掌动作幅度过大，上步迟疑缓慢，双碟掌没有腰劲。

3. 双碟软肋

【动作要领】

当对方两脚向前上步，以左手拳向我胸部打来时，我左脚迅速向前上一小步（夺位）；同时，左手向左格挡对方左手臂（捌）；随即，右脚跨步斜行（让位），以双碟掌猛力撞击对方肋部（挤）。（图4-151、图4-152）

图4-151　　　　　　　　　　图4-152

【要点说明】

上步格挡，及时果断；跨步推掌，以腰带劲。

【易犯错误】

上步犹豫不绝，格挡不及时，跨步动作迟缓，双碟掌没有爆发力。

第七节　　马形四势技击法

一、霸王膝用法3例

1. 提膝撞面

【动作要领】

当对方两脚向前上步，以两手从前面欲抱我腰时，我身体重心稍下沉，两手迅速从两侧抱住对方脖颈；随即，我两手向下猛按对方头部（按）；同时，右腿向前提起，以膝关节向上撞击对方面部（挪）。（图4-153、图4-154）

图4-153　　　　　　　　　图4-154

【要点说明】

抱头下按，突然猛力；提膝撞面，快速凶狠。

【易犯错误】

抱头下按无力，动作没有突发性，提膝撞面与抱头下按不同时进行。

2. 提膝顶裆

【动作要领】

当我与对方相互抓肩部拉扯时，我尽量不与对方较劲抵顶，顺着对方借势打力；此时对方急于拉扯我肩部向怀中捋带，我则借对方拉扯之际，顺势起左腿暗中顶撞对方裆部（搁）。（图4-155、图4-156）

【要点说明】

顺势而为，借势打力；暗中提膝，顶撞裆部。

【易犯错误】

顺势挣劲，借势硬打，暗中提膝顶裆动作过大。

图4-155　　　　　　　　　　　　图4-156

3. 提膝防腿

【动作要领】

当对方两脚向前上步，以左手冲拳向我胸部打来时，我左脚向后撤一小步（让位），以右手向左横推对方左手臂（捯）；如果对方以右侧弹踢腿攻击我左侧大腿肌肉群时，我迅速提起左腿阻挡右腿攻击；同时，左手向下拍按对方右小腿（按），化解对方来力。（图4-157、图4-158）

图4-157　　　　　　　　　　　　图4-158

【要点说明】

撤步推掌动作要快，提膝防腿及时果断。

【易犯错误】

退步推掌手脚不相合，提膝防腿动作缓慢重心不稳。

二、撩阴脚用法3例

1. 撩下颌

【动作要领】

当对方两脚向前上步，以右手冲拳向我胸部打来时，我迅速以右手向左横推对方右手臂（捌）；随即，我身体向左拧转180°，欲作逃跑假象诱敌深入，如对方以左手攻击我后脑时，我突然回身起腿，以右脚向上撩踢对方下颌。（图4-159、图4-160）

图4-159

图4-160

【要点说明】

格挡转身，动作迅速；回头撩踢，突然猛力。

【易犯错误】

格挡转身动作脱节；回头撩踢重心不稳。

2. 撩心窝

【动作要领】

当对方两脚向前上步，以左手摆拳向我头部右侧打来时，我右脚迅速向左移步（让位）；同时，以右手向左横推对方左手臂（捌），随即身体向左拧转180°，突然回身起腿，以右脚向上撩踢对方胸腹部。（图4-161、图4-162）

图4-161

图4-162

【要点说明】

移步推掌，转体拧腰；诱敌深入，回身撩踢。

【易犯错误】

移步推掌时没有转体拧腰动作，转身撩踢时没有暗腿突发的特性。

3. 撩裆

【动作要领】

当对方从后面突然抱住我腰时，我身体重心稍下移，随即起右腿向后撩踢对方裆部。（图4-163、图4-164）

图4-163

图4-164

【要点说明】

蹲身要快，起腿迅速；暗腿发力，力达脚尖。

【易犯错误】

蹲身重心不稳，起腿动作缓慢。

第八节　鸡形四势技击法

一、蹬腿应用方法2例

1. 前蹬腿

【动作要领】

当对方两脚向前上步，以右手冲拳向我头部打来时，我亦迎敌而上，两脚向前上步（夺位），左手向外格挡对方右手臂（挒）；随即右腿向前猛蹬对方胸腹部（挤）。（图4-165、图4-166）

图4-165

图4-166

【要点说明】

上步要快，格挡及时；蹬踢有力，力达脚跟。

【易犯错误】

上步迟缓，格挡动作脱节，蹬踢重心不稳，力不达脚跟。

2. 后蹬腿

【动作要领】

当对方两脚向前上步，以右手摆拳向我头部左侧发动攻击时，我左脚迅速向右横向移步（让位），以左掌向右横推对方右手臂（挒）；随即，身体向右后转体180°，欲作逃跑之象诱敌深入，如对方乘胜追击，欲再次出右拳；我急忙转身回头，以右腿向后蹬踢对方胸腹部（挤）。（图4-167、图4-168）

图4-167

图4-168

【要点说明】

移步横推，拧腰旋转；诱敌深入，转身蹬腿。

【易犯错误】

移步横推时拧腰旋转动作不明显，转身蹬腿时身体重心控制不稳。

二、截腿应用方法2例

1. 截踩腿

【动作要领】

当对方两脚向前上步，以右手冲拳向我胸部打来时，我两脚亦向前上步（夺位），左手向下按压对方右手臂（按）；随即，身体重心前移，右脚向前截踩对方膝关节（采）。（图4-169、图4-170）

图4-169

图4-170

【要点说明】

上步要快，按掌要及时；重心前移，踩腿要狠。

【易犯错误】

上步按掌时动作配合不协调，踩腿时重心不前移。

2. 截踢腿

【动作要领】

当对方两脚向前上步，以右手冲拳向我胸部打来时，我两脚亦向前上步（夺位）；同时，左手向外格挡对方右手臂（捌），右脚向前猛踢对方左小腿（挤）。（图4-171、图4-172）

图4-171

图4-172

【要点说明】

上步格挡，动作要快；右脚截踢，迅猛有力。

【易犯错误】

上步格挡动作不迅速，右脚截踢不具备暗腿特征。

三、双托掌应用方法6例

1. 托肘关节

【动作要领】

当对方两脚向前上步,以两手分别抓住我两肩时,我两手迅速向上托打对方两肘关节(挪);随即我两脚向前上步(夺位),以双掌向前猛力撞击对方胸部(挤)。(图4-173、图4-174)

图4-173

图4-174

【要点说明】

托打迅速,上步及时;撞击有力,以腰带劲。

【易犯错误】

托打时动作不迅速,没有突发性,上步推掌撞击时不以腰带劲。

2. 托腋下

【动作要领】

当对方两脚向前上步，以双手掼拳向我头部两侧打来时，我两手迅速向两侧拨开对方两手臂（捌）；随即，两脚突然向前上步（夺位），以两手分别托住对方两臂腋下（掤），以左胯为支点，向右拧翻；将对方摔倒在地。（图4-175、图4-176）

图4-175

图4-176

【要点说明】

拨臂及时，上步快速；托腋要牢，拧翻要快。

【易犯错误】

拨臂动作不宜过大，上步托腋左胯支点不明显，拧翻不以腰带劲。

3. 托下颌

【动作要领】

当对方两脚向前上步，以两手抓按我两侧肩部时，我两手迅速向左右两侧

拨开对方两手臂（捌）；然后我两脚上步直行（夺位），以两掌向前、向上抠抓对方下颌（捌）。（图4-177、图4-178）

图4-177

图4-178

【要点说明】

两掌横拨，动作迅速；上步托颌，抠抓干脆。

【易犯错误】

两掌横拨时动作不迅速，上步托颌时抠抓不干脆。

4. 托脚跟

【动作要领】

当对方右脚向前垫步，以左脚蹬踢攻击我胸腹部时，我迅速吞身收腹，右手托住对方左脚跟，左手托住对方左小腿，两手同时向上用力托起（捌）；将对方掀翻倒地。（图4-179、图4-180）

图4-179

图4-180

【要点说明】

吞身收腹，动作及时；托抓脚跟，掀腿有力。

【易犯错误】

吞身收腹时动作不及时，托抓脚跟时掀翻无力、动作不突然。

5. 托脚内侧

【动作要领】

当对方以左脚侧踹腿向我胸腹部发动攻击时，我迅速向右跨步斜行（让位），同时吞身收腹，两手托抓对方脚内侧；然后我左脚向前进步，两手向上掀举（搁）；将对方掀翻倒地。（图4-181、图4-182）

图4-181

图4-182

【要点说明】

跨步要快，吞身及时；抓脚要牢，托举有力。

【易犯错误】

跨步动作较慢，吞身收腹不及时，抓脚不牢固，托举无力，不突然。

6.托腕关节

【动作要领】

当对方两脚突然向前上步，以双手冲拳向我胸部打来时，我身体重心稍后移，两手迅速向上托起对方两手腕向上掀举（掴）；以破解对方两拳的攻击威胁。（图4-183、图4-184）

图4-183

图4-184

【要点说明】

托腕扬起，掀举有力。

【易犯错误】

托腕动作手不向上扬起，掀举时动作无力。

四、鸡形掌用法4例

1. 进手连环鸡手

【动作要领】

我两脚向前上步（夺位），以左鸡手向前攻击对方胸部（挤），如果被对方右掌按住；我两脚继续向前上步（夺位），再次以右鸡手向对方面部发动攻击（采）；致使对方面部损伤而失去反抗能力。（图4-185、图4-186）

图4-185

图4-186

【要点说明】

连环上步，动作要快，连环鸡手，动作迅猛。

【易犯错误】

连环上步迟疑停顿，连环鸡手不虚实兼备。

2. 顾手连环鸡手

【动作要领】

当对方两脚向前上步，以右手冲拳向我腹部打来时，我左脚向后撤一小步（让位），以左鸡手向下按压对方右手臂（按）；如果对方两脚继续逼进，再次以左手冲拳向我胸部打来时，我左脚急忙向后撤步（让位），以右鸡手再次向下按压对方左手臂（按）；致使对方两次攻击失利。（图4-187、图4-188）

图4-187

图4-188

【要点说明】

连环撤步，动作迅速；连环鸡手，左右防护。

【易犯错误】

连环撤步动作不顺畅，连环鸡手防御手忙脚乱。

3. 进顾连环鸡手

【动作要领】

我两脚向前上步（夺位），以左鸡手向对方面部发动攻击（采），如果对方以右手向外格挡防御；随即两脚向前上步，以左手冲拳向我腹部反击时，我左脚急忙向后撤一小步（让位），以右鸡手向下、向外横拨对方左手臂（捌）；使对方反击失利。（图4-189、图4-190）

图4-189　　　　　　　　　　　图4-190

【要点说明】

上步鸡手要动作迅速，撤步横拨要及时有利。

【易犯错误】

上步鸡手动作不迅速，撤步横拨不及时。

4.顾进连环鸡手

【动作要领】

当对方左脚横向移步，以右手摆拳向我头部左侧发动攻击时，我左脚向前上步（夺位），以左鸡手向左横拨对方右手臂，右脚向前跟进半步（夺位），以右鸡手向前攻击对方面部（采）。（图4-191、图4-192）

【要点说明】

连环进步动作要快；左手拨臂动作及时；右手刨面要迅猛有力。

第四章 技击方法应用144例

图4-191

图4-192

【易犯错误】

连环进步动作迟缓有间断，左手拨臂不及时，右手刨面没有突发性。

第九节 鹤形四势技击法

一、架推掌用法2例

1. 架推胸腹

【动作要领】

当对方两脚向前上步，以左推掌向我面部打来时，我左手向左格挡对方左手臂（捯）；如果对方迅速收左掌出右拳再次向我发动攻击时，我趁对方收招换势之际，两脚迅速向前斜行（夺位）；同时，左手向上掤架对方右手臂（掤），右掌向前猛推对方胸腹部（挤）。（图4-193、图4-194）

127

图4-193

图4-194

【要点说明】

格挡掤架和变招要快；架推同步，一触即发。

【易犯错误】

格挡掤架变招不突然果断；架推掌不同步完成。

2. 架推软肋

【动作要领】

当对方两脚向前上步，以右手冲拳向我胸部打来时，我左脚向左横向闪身移步（让位），以右手向下按压对方右手臂（按）；如果对方再次以左手冲拳向我头部发动攻击时，我右脚向右前方跨步斜行（让位）；同时，右手向斜上方掤架对方左手臂（掤），左掌横推对方左侧肋部（捌）。（图4-195、图4-196）

【要点说明】

闪步按掌快速及时；跨步与架推同时进行。

图4-195

图4-196

【易犯错误】

闪步按掌动作不及时，跨步架推动作分解不同时完成。

二、砍掌用法2例

1. 横砍掌

【动作要领】

当对方左脚向左横向移步，以右手摆拳向我头部左侧发动攻击时，我左脚向左横向移步（让位），以左手向外横向格挡对方右手臂（捌）；随即，右脚向前跟进半步直行（夺位），以右掌向前横向砍击对方脖颈左侧大动脉（捌）。（图4-197、图4-198）

【要点说明】

闪步格挡动作要快；跟步砍掌及时有力。

【易犯错误】

闪步格挡动作不迅速，跟步砍掌不及时有力。

图4-197　　　　　　　　　　　图4-198

2. 斜砍掌

【动作要领】

当对方两脚向前上步，以右手冲拳向我胸部打来时，我左脚横向闪步（让位），以右手向下按压对方右手臂（按）；随即右脚向前跟进半步直行（夺位）；同时，以右掌横向砍击对方左侧肋部（采）。（图4-199、图4-200）

图4-199　　　　　　　　　　　图4-200

【要点说明】

闪步按掌快速及时；跟步砍掌突发有力。

【易犯错误】

闪步按掌动作不迅速，跟步砍掌不具备突发性。

三、鹤形掌用法2例

1. 进手上穿

【动作要领】

当对方两脚突然向前上步，以右手抓住我头发时，我左脚迅速回收半步（让位），以左手扣按对方右肘关节窝（按），向怀中带拉；同时，右掌向前、向上穿插对方下颌（挒）。（图4-201、图4-202）

图4-201

图4-202

【要点说明】

撤步按掌及时有力；右掌穿颌突发迅猛。

【易犯错误】

撤步按掌动作分解迟缓，右掌穿插下颌动作不迅猛。

2. 顾手上挪

【动作要领】

当对方两脚向前上步，以右手冲拳向我胸部打来时，我左脚迅速向后撤一小步（让位），以右手虎口向上撑起对方右手臂（挪）；然后左手向下抓按对方右手腕（按），随即左脚向前上步（夺位），以右掌向前猛推对方下颌（挤）。（图4-203、图4-204）

图4-203

图4-204

【要点说明】

撤步撑掌及时果断；上步推掌要迅猛有力。

【易犯错误】

撤步撑掌动作脱节迟缓，上步推掌没有以腰带劲。

第十节　熊形四势技击法

一、肩靠用法3例

1. 里靠

【动作要领】

当对方突然从前面抱住我腰时，我身体重心稍下移，腰微右转；左脚向左前斜行上步（让位）；同时，以腰带劲，以右肩内侧向前猛靠对方胸部（靠）；致使对方向后失重倒地。（图4-205、图4-206）

图4-205

图4-206

【要点说明】

重心下移，保持稳固；腰微右转，蓄劲待发；以腰带劲，瞬间抖放。

【易犯错误】

身体下移时不能保持重心稳固，腰部拧转时不能瞬间抖放发力。

2. 外靠

【动作要领】

当对方两脚向前上步，以左手冲拳向我胸部打来时，我左脚急忙向左闪步（让位），以右手向右格挡对方左手臂（捌）；随即两脚迅速向前上步，步过于人，向右拧腰转身，以左肩外侧向前靠击对方右胸部（靠），右手用力前推（挤）对方心脏，以腰带劲，抖放发力；在肩靠、推掌、捌腿相互配合下，将对方放长击远。（图4-207、图4-208）

图4-207

图4-208

【要点说明】

闪步格挡动作要迅速；上步靠打要迅猛有力。

【易犯错误】

闪步格挡动作上下手脚不协调，上步靠打没有抖放的劲力。

3. 后靠

【动作要领】

当对方从背后突然抱住我腰时，我身体迅速微蹲，以保持重心稳定与平衡；然后右脚向前上一小步（夺位），身体重心前移躬身，左脚向后撤一小步（让位），以腰带劲，抖身背靠对方胸部（靠）；将对方向后靠击倒地。（图4-209、图4-210）

图4-209

图4-210

【要点说明】

上步躬身，欲擒故纵；撤步背靠，放长击远。

【易犯错误】

上步躬身动作幅度过大；撤步背靠以腰带劲抖放发力不明显。

二、反插掌用法3例

1. 反插眼鼻

【动作要领】

当对方两脚向前上步,以右手冲拳向我头部打来时,我左脚迅速向左闪步（让位）,左手亦向左横格对方右手臂（捌）；随即,右脚向前跟进半步直行（夺位）,以右手向前拧转式反插对方面部（挤）。（图4-211、图4-212）

图4-211

图4-212

【要点说明】

闪步格挡动作要快；跟步插掌拧翻要及时。

【易犯错误】

闪步格挡动作缓慢；跟步插掌拧翻不及时。

2. 反插胸腹

【动作要领】

当对方两脚向前上步，以左手冲拳向我头部打来时，我右脚向右闪步（让位），以右手向右格开对方右手臂（捯）；随即我右脚向左移步，踏进对方中宫（夺位），使身体重心前移；同时，以右手反插掌猛击对方胸腹部（挤）。（图4-213、图4-214）

图4-213

图4-214

【要点说明】

闪步格挡动作要快；上步插掌蹲身要及时。

【易犯错误】

闪步格挡动作不同步，上步插掌重心不下移。

3. 反插下裆

【动作要领】

当对方两脚向前上步，以右手冲拳向我胸腹部打来时，我身体重心稍后移，右脚向后撤一小步（让位）；同时，以左手向下按压对方右手臂（按）；

随即，两脚突然向前上步直行（夺位），使身体重心前移，以右反插掌向前攻击对方裆部（挤）。（图4-215、图4-216）

图4-215

图4-216

【要点说明】

撤步按掌要果断及时；上步插掌要重心前移。

【易犯错误】

撤步按掌动作不协调；上步插掌身体重心不前移。

三、单托掌用法3例

1. 托肘关节

【动作要领】

当对方两脚向前上步，以右手冲拳向我胸部打来时，我身体重心稍后移，右手向下按压对方右手臂（按）；随即，左脚向前上步（夺位），使重心上移，右手扣抓对方右手腕并向下撅按（按），左手向上撑托对方右肘关节（掤）；两手上下相对用力，使对方肘关节损伤。（图4-217、图4-218）

图4-217　　　　　　　　　图4-218

【要点说明】

撤步按掌动作要及时；上步撅腕要手脚合一；左手撑托要突然有力。

【易犯错误】

撤步按掌动作不及时，上步撅腕手脚不相合，左手撑托没有突然性，动作无力。

2. 托腋下

【动作要领】

当对方两脚向前上步，以左手冲拳向我胸部打来时，我身体重心稍后移，右手向下按压对方右手臂（按）；随即，左脚向前上步（夺位），使重心上移，右手扣抓对方右手腕并向下撅按（按），左手虎口向上撑托对方左腋下（掤）；两手上下相对用力，使对方腕关节、肩关节损伤。（图4-219、图4-220）

【要点说明】

撤步按掌要动作迅速；上步撅腕要重心上提；左手撑托要突然有力。

图4-219　　　　　　　　　　　　图4-220

【易犯错误】

撤步按掌动作不迅速，上步撅腕身体重心不上提，左手撑托没有突然性，动作无力。

3. 托下颌

【动作要领】

当对方两脚向前上步，以右手冲拳向我胸腹部打来时，我左脚向左横向闪步（让位），以左掌向下按压对方右手臂（按）；随即，右脚向前直行跟进半步（夺位），以右手向上托抓对方下颌（捆）；使对方下颌骨损伤。（图4-221、图4-222）

【要点说明】

闪步按掌动作要快；跟步托抓要迅猛有力。

【易犯错误】

闪步按掌动作脱节；跟步托抓不突然，不迅猛。

图4-221　　　　　　　　　　　图4-222

四、双搓掌用法3例

1. 搓肘关节

【动作要领】

当对方两脚向前上步，以右手冲拳向我胸腹部打来时，我两脚迅速向左闪身移步（让位），以右掌向下按抓对方右手腕（按）向怀中带拉；随即左脚向前上半步（夺位），身体微左转，以左手向前搓按对方右肘关节（采）；左手下按，右手上提，两手上下相对用力，致使对方肘关节损伤。（图4-223、图4-224）

图4-223　　　　　　　　　　　图4-224

【要点说明】

闪身抓腕准确及时；上步按肘要突然有力。

【易犯错误】

闪身抓腕动作不准确、不及时，上步搓按肘没有突然性。

2. 搓肩关节

【动作要领】

当对方两脚向前上步，以右手冲拳向我胸腹部打来时，我左脚迅速向左闪身移步（让位），以右掌向下按抓对方右手腕（按）向怀中带拉；随即，左脚向右前上半步（夺位），身体微右转，以左手向前搓按对方右肩关节（采）；左手下按，右手上提，两手上下相对用力，致使对方肩关节损伤。（图4-225、图4-226）

图4-225

图4-226

【要点说明】

闪身抓腕准确及时；上步按肩要突然有力。

【易犯错误】

闪身抓腕动作不准确、不及时，上步搓按肩没有突然性。

3. 搓膝关节

【动作要领】

当对方突然以左脚向前蹬踢我腹部时，我身体重心稍后移，右脚向后撤一小步（让位），左手抄抓对方左小腿（捆），右手按住对方膝关节（按）；左脚突然向后撤步（让位），身体重心下移，左手向后猛拉对方小腿，右手向下按压对方膝关节（按）；致使对方身体重心前倾而倒地。（图4-227、图4-228）

图4-227

图4-228

【要点说明】

撤步抄腿及时准确；撤步拉腿要突然有力。

【易犯错误】

撤步抄腿动作脱节，撤步拉腿不突然，没有爆发力。

第十一节 狮形四势技击法

一、切掌用法3例

1. 切脖掌

【动作要领】

当对方两脚向前上步,以左手冲拳向我头部打来时,我两脚亦向前上步(夺位),抢占中宫直线;同时,右手向外格挡对方左手臂(挒);随即,两脚向左前斜行(夺位),右手沿着对方左手臂向前滑进,以右切掌向前攻击对方左侧颈部大动脉(挤)。(图4-229、图4-230)

图4-229

图4-230

【要点说明】

上步格挡快速及时;移步斜行动作果断;右掌切颈干脆短促。

【易犯错误】

上步格挡动作缓慢，移步斜行动作犹豫不决，右掌切颈动作不突然、不干脆、发力不短促。

2. 切肋掌

【动作要领】

当对方左脚向左闪步，以右手摆拳向我头部左侧打来时，我右脚向前上一小步（夺位），以左手向外横格对方右手臂（挒）；随即，身体重心前移，左脚向前紧跟半步（夺位），以左掌向前猛切对方肋部（挤）。（图4-231、图4-232）

图4-231

图4-232

【要点说明】

上步格挡动作要快；跟步切掌要果断及时。

【易犯错误】

上步格挡迟疑缓慢，跟步切掌没有腰劲。

3. 切腹掌

【动作要领】

当对方以左侧踹腿向我胸腹部发动攻击时，我右脚向前进步（夺位），以右掌向外横截对方左小腿（捯）；随即，我左脚向右脚前急速上步（夺位），重心前移，以腰带劲，左掌向前猛切对方胸腹部（挤）。（图4-233、图4-234）

图4-233

图4-234

【要点说明】

进步横截及时有力；上步切腹动作迅猛。

【易犯错误】

进步横截时动作过于缓慢不及时应对，上步切腹时动作发力不短促、不干脆、不迅猛。

二、横拨掌用法3例

1. 横拨手腕

【动作要领】

当对方两脚向前上步，以左手冲拳向我胸腹部打来时，我身体重心稍后移，左脚向后撤一小步（让位），以右手横掌向左横向拨开对方左手臂（捌），避开对方攻击。（图4-235、图4-236）

图4-235

图4-236

【要点说明】

撤步及时，拨臂有力。

【易犯错误】

撤步动作迟缓，拨臂无力。

2. 横拨肘关节

【动作要领】

当对方两脚向前上步，以右手冲拳向我胸腹部打来时，我身体重心稍后移，左脚向后撤一小步（让位）；同时，右手向左扣抓对方右手腕（挒）；然后右脚向后撤半步（让位），右手向怀中带拉（捋），左手拇指掐捏对方右上臂肱二头肌；右手拉带左手掐捏合力向后，将对方抛出。（图4-237、图4-238）

图4-237

图4-238

【要点说明】

左脚撤步动作迅速；右手抓腕动作及时；撤步拉带，以腰带劲；左手掐捏，暗劲下藏。

【易犯错误】

左脚撤步与右手抓腕不同时进行，撤步拉带、左手掐捏动作不协调一致。

3. 横拨小腿

【动作要领】

当对方左脚向前垫步，以右脚向前蹬踢我胸腹部时，我迅速左脚撤步吞身（让位），以左手迅速向右用力横拨对方右小腿（捌）；使对方重心不稳，向左侧倾倒。（图4-239、图4-240）

图4-239

图4-240

【要点说明】

撤步吞身及时果断；横拨有力，以腰带劲。

【易犯错误】

撤步时没有吞身动作，左掌横拨对方小腿时没有以腰带劲。

三、搂推掌用法2例

1. 搂腰推下颌

【动作要领】

当对方两脚向前上步，以右手冲拳向我胸腹部发动攻击时，我左脚迅速向前上一小步（夺位），抢占中宫直线；同时，以左前臂向外横拨对方右手臂（捯）；随即，两脚继续向前上步（夺位），踏进对方中宫直线，身体重心前移，左手搂抱对方后腰，右手向前猛推对方下颌（挤）。（图4-241、图4-242）

图4-241

图4-242

【要点说明】

上步拨臂及时有力；踏进中宫，抢占地形；左手搂腰，右手推颌。

【易犯错误】

上步拨臂动作缓慢无力，左手搂腰与右手推颌不同时进行。

2. 搂腿推胸

【动作要领】

当对方以右脚向我左侧肋部发动攻击时，我左脚迅速向左横向闪身移步（让位），以左手抄抱对方右小腿（捌）；随即，我右脚迅速向前跟进一步（夺位），身体重心前移，以腰带劲，以右掌向前猛击对方胸部（挤）。（图4-243、图4-244）

图4-243　　　　　　　　　　图4-244

【要点说明】

闪步搂腿及时准确；跟步推掌迅猛有力。

【易犯错误】

闪步搂腿动作不及时准确，易发生脱把现象；跟步推掌动作配合不协调，没有以腰带劲。

四、手别摔用法2例

1. 手别臂摔

【动作要领】

当对方两脚向前上步,以双手掼拳向我头部两侧发动攻击时,我身体重心稍下移,右手抓扣对方左手腕,左手向外横拨对方右手臂(挒);然后突然起身,右手向内旋拧,左手向上翻转,腰微左转,以右脚勾踢对方左小腿并向上提起;在右手拧腕、左手上翻、右脚勾踢三力合一下,将对方掀翻倒地。(图4-245、图4-246)

图4-245

图4-246

【要点说明】

抓腕要准,拧腕要狠;左手横拨,上翻有力;右脚勾踢,向上扬起。

【易犯错误】

抓腕不及时准确,旋拧动作不突发迅猛,左手横拨上翻无力,右脚勾踢不向上扬起。

2. 手别腿摔

【动作要领】

当对方两脚向前上步，以左手冲拳向我头部打来时，我左脚迅速向前上一小步（夺位），以右手向外格挡对方左手臂（捌）；随即右手扣抓对方左手腕，右脚突然向后撤退半步（让位），身体重心下移，右手向怀中拧腕带拉（捋），左手搬扣对方左腿腘窝（捌），向左横向用力；使对方失重倒地（图4-247、图4-248）

图4-247

图4-248

【要点说明】

上步格挡要准确及时；撤步下蹲，拧腕带拉；左手搬膝，横向捌劲。

【易犯错误】

上步格挡动作不准确、不及时，撤步下蹲重心不稳定，拧腕带拉与左手搬膝配合不协调。

第十二节　鹰形四势技击法

一、叼抓应用方法5例

1. 直叼（前叼）

【动作要领】

当对方两脚向前上步，以左手冲拳向我胸部打来时，我身体重心稍向后移，左脚向后撤退一小步（让位），右手向左横向抓扣对方左手腕称为"直叼"或"前叼"（捌）；随即我右脚向右斜行跨步，重心下移，左手向前、向下推按并撅压对方左手腕（按）；使对方腕关节损伤。（图4-249、图4-249附图、图4-250）

图4-249

图4-249附图

图4-250

【要点说明】

撤步抓腕要及时准确；跨步撅腕时重心要前移。

【易犯错误】

撤步抓腕动作迟缓，跨步撅腕重心滞后。

2. 外叼（旁叼）

【动作要领】

当对方两脚向前上步，以右手冲拳向我胸部打来时，我身体重心稍后移，左脚向后撤退一小步（让位），左手向外抓扣对方右手腕（捯）称为"外叼"或"旁叼"；然后右手向内旋拧，两脚向前上步直行（夺位），使身体重心前移，以右掌向前推按并撅压对方腕关节（按）；使对方腕关节损伤。（图4-251、图4-251附图、图4-252）

【要点说明】

撤步抓腕及时准确；左手拧腕迅速突然；上步撅腕重心前移。

【易犯错误】

撤步抓腕不及时、不准确，左手拧腕速度缓慢，上步撅腕身体重心不前移。

图4-251

图4-251附图

图4-252

3. 里叼（扣叼）

【动作要领】

当对方两脚向前上步，以右冲拳向我胸部打来时，我两脚迅速向左闪身移步（让位），以左手向里扣抓对方右手腕（捌）称为"里叼"或"扣叼"；随即我两脚直行向前上步，身体重心前移，以右掌向前推按并撅压对方右手腕（按）；使对方腕关节损伤。（图4-253、图4-253附图、图4-254）

图4-253　　　　　　　　图4-253附图

图4-254

【要点说明】

闪步里叼及时准确；上步撅腕要重心前移。

【易犯错误】

闪步里叼动作不及时、不准确，上步撅腕身体重心不前移。

4. 下叼（按叼）

【动作要领】

当对方两脚向前上步，以右手冲拳向我胸腹部打来时，我左脚向后撤退一小步（让位），左手向下按抓对方右手腕（按）也称"下叼"或"按叼"；随即，两脚向左前进步斜行（夺位），左手向左撅腕，右手化掌为刀劈砍对方右前臂（采）。（图4-255、图4-255附图、图4-256）

图4-255

图4-255附图

图4-256

【要点说明】

撤步按抓，准确及时；上步斜行，撅腕突然；化掌为刀，力达掌侧。

【易犯错误】

撤步按抓不准确、不及时，上步斜行撅腕不突然，化掌为刀力点不在掌外侧。

5. 上叼（托叼）

【动作要领】

当对方两脚向前上步，以右冲拳向我胸部打来时，我右脚向后撤一小步（让位），右手向上托抓对方右手腕关节（捆）称为"上叼"或"托叼"，然后，两脚迅速向前上步（夺位），踏进对方中宫，身体重心前移，以左掌向前、向上、向外推按并撅压对方腕关节（按）。（图4-257、图4-257附图、图4-258）

【要点说明】

撤步托抓及时准确；上步撅腕要突然有力。

图4-257

图4-257附图

图4-258

【易犯错误】

撤步托抓动作迟缓、不准确，上步撅腕动作不突然、没有爆发力。

二、鹰爪掌用法4例

1. 锁喉手（含错喉手）

【动作要领】

当对方左脚向左横向移步，以右手摆拳向我头部左侧发动攻击时，我左脚向前上步直行（夺位），以右手向外格档对方右手臂（捌）；随即，左手抓扣对方右手腕向怀中旋拧捋带（捋），右脚向前跟进半步（夺位），右手向前锁抓对方喉部（挤）；拇指和食指相对用力称"锁喉手"，拇指和食指相互捻错用力称"错喉手"[11]。（图4-259、图4-260）

【要点说明】

上步格挡准确及时；抓腕旋拧，用力带拉；跟步锁喉，两指捻错。

【易犯错误】

上步格挡动作不及时，抓腕旋拧速度缓慢，带拉无力，跟步锁喉时拇指和食指不能相互捻错用力。

图4-259

图4-260

2. 锁掖手

【动作要领】

当对方两脚向前上步，以右手冲拳向我胸腹部打来时，我两脚迅速向前上方闪步斜行（夺位），左手向外横拨对方右手臂（捯）；随即，两脚继续向前上步（夺位），左手向外、向上缠绕对方右手臂（捯），右手向前锁抓对方腋下肌肉（挤）。（图4-261、图4-262）

图4-261

图4-262

【要点说明】

闪步拨掌及时果断；上步缠臂紧密牢固；锁抓肌肉突然迅猛。

【易犯错误】

闪步拨掌决策不果断，上步缠臂不紧密牢固，锁抓肌肉不突然迅猛。

3. 锁裆手

【动作要领】

当对方以右脚侧弹踢向我左侧肋部发动攻击时，我左脚向左横向闪身移步（让位），以左手抄抱对方右小腿；然后右脚向前跟进半步（夺位），以右手向前锁抓对方裆部。（图4-263、图4-264）

图4-263

图4-264

【要点说明】

闪步抄腿动作及时；跟步抓裆突发有力。

【易犯错误】

闪步抄腿动作不及时，跟步抓裆没有突发性。

4. 锁颈手

【动作要领】

对方欲从前面搂抱我腰时，我身体重心稍后移，以两手分别向外拨开对方两手臂（捌）；随即，我两脚向前上步（夺位），踏进对方中宫，以两手横向锁抓对方颈部两侧大动脉（捌）。（图4-265、图4-266）

图4-265

图4-266

【要点说明】

拨臂及时，锁颈突然。

【易犯错误】

拨臂动作缓慢、反应迟钝，两脚上步锁颈动作不突然。

三、双分掌用法2例

1. 双分颈部

【动作要领】

当对方两脚向前上步，以右手冲拳向我胸腹部打来时，我身体重心稍后移，两手交叉成"十字手"向下拦截对方右手臂（采）；随即，两脚迅速向前进步直行（夺位），踏进对方中宫，然后两手向上分别向两侧砍击对方颈部（挒）。（图4-267、图4-268）

图4-267

图4-268

【要点说明】

十字交叉，按臂下防；进步分掌，突发迅猛。

【易犯错误】

十字手交叉按臂下防不及时，进步分掌动作不突发迅猛。

2. 双分软肋

【动作要领】

当对方右脚向前上步，以左脚弹踢向我裆部发动攻击时，我左脚迅速向前上步（夺位），以十字手向斜前下方推防拦截（采），迫使对方小腿骨损伤；我趁对方左腿下落之际，右脚向前跟进半步（夺位），两手向前横向攻击对方两侧肋部（挒）。（图4-269、图4-270）

图4-269

图4-270

【要点说明】

左脚上步动作要快；十字拦截前推有力；跟步分掌突然迅猛。

【易犯错误】

左脚上步动作速度缓慢，十字手拦截前推无力，跟步分掌动作不突然迅猛。

四、双切掌用法2例

1. 双切颈部

【动作要领】

当对方两脚突然向前上步，欲抓扣我两肩时，我急忙迎敌而上，两脚向前上步（夺位），踏进对方中宫，两手同时向外分开对方两手臂（捌）；随即两掌再快速向里合拢；同时，击打对方两侧颈部大动脉（捌）。（图4-271、图4-272）

图4-271

图4-272

【要点说明】

上步要快，分掌及时，切掌迅猛，力达掌侧。

【易犯错误】

上步动作迟疑缓慢，分掌防守不及时，切砍颈部动作不迅猛、力不达掌外侧。

2. 双切软肋

【动作要领】

对方欲从前面抱住我腰时，我身体重心稍后移，两手向两侧将对手两臂分开（捌）；随即，身体重心下移，以两掌外侧同时向前切击对方两侧肋部（挤）。（图4-273、图4-274）

图4-273

图4-274

【要点说明】

拨臂及时，切掌有力。

【易犯错误】

拨臂动作缓慢，切掌有气无力。

第十三节　鹞形四势技击法

一、翻手掌用法2例

1. 左右翻手

【动作要领】

我两脚突然向前上步（夺位），以右手背向对方面部右侧发动攻击（掤），如果被对方以右手向外拦截；我随即右手变招换势，以右手背从右侧再次攻击对方面部左侧。（图4-275、图4-276）

图4-275

图4-276

【要点说明】

左右掤打，虚实兼备。

【易犯错误】

左右掤打时翻掌动作不迅速，阴阳虚实不分明。

2. 上下翻手

【动作要领】

当对方两脚向前上步，以右手冲拳向我胸腹部打来时，我左脚向左前方斜行闪步（让位），左手向下按压对方右手臂（按），右手向上翻掌攻击对方面部（掤），力达掌背骨；随即我右脚向前跟步直行（夺位），右手下翻反抓对方裆部（采）。（图4-277、图4-278）

图4-277

图4-278

【要点说明】

闪步按掌果断及时；上翻下撩要虚实兼备。

【易犯错误】

闪步按掌不果断应对，上翻下撩虚实不明、轻重无度。

二、转身插掌用法2例

1. 转身插面

【动作要领】

当对方以右手从背后抓住我左侧肩部时，我迅速向左后转身180°，以左手向外格挡对方右手臂（挒）；然后我左脚向前上半步，身体重心稍下移，以左手向前插击对方面部（挤）。（图4-279、图4-280）

图4-279

图4-280

【要点说明】

转身格挡动作要快；上步插掌短促干脆。

【易犯错误】

转身格挡身体重心不稳、动作缓慢，上步插掌动作不干脆。

2. 转身插胸腹

【动作要领】

当对方以两手从背后分别抓住我两侧肩部时，我迅速向左后转身180°，以左手向外格挡对方两手臂（挒）；然后我左脚向前上半步，身体重心稍下移，以左手向前插击对方胸腹部（挤）。（图4-281、图4-282）

图4-281

图4-282

【要点说明】

转身要快，格挡要及时；上步插掌要突然猛力。

【易犯错误】

转身动作缓慢，格挡不及时，上步插掌不突然猛力。

三、左提掌用法3例

1. 提裆掌

【动作要领】

当对方两脚向前上步，以右手冲拳向我胸腹部打来时，我左脚向左闪身移步（让位），左手向下按压对方右手臂（按）；随即，右脚向前跟进半步直行蹲身下潜（夺位），右手从下向上提掌撩击对方裆部（挒）。（图4-283、图4-284）

图4-283

图4-284

【要点说明】

闪步按掌要快速及时；跟步提掌要突发有力。

【易犯错误】

闪步按掌动作迟疑，跟步提掌懈怠无力。

2. 提下颌

【动作要领】

当对方两脚向前上步，以右手摆拳向我头部左侧发动攻击时，我左脚向左横向移步（让位），以左手向外格挡对方右手臂（捌）；随即，右脚向前直行跟进半步（夺位），以右手提掌向上撩击对方下颌（挪）。（图4-285、图4-286）

图4-285

图4-286

【要点说明】

闪步格挡要及时有力；跟步提掌要迅猛突然。

【易犯错误】

闪步动作不及时，格挡无力，跟步动作不迅速，提掌动作不突然。

3. 提腋下

【动作要领】

当对方两脚向前上步，以右手冲拳向我胸腹部打来时，我左脚向左横向移（让位）步，以左手向外抓扣（外叼）对方右手腕（捌）向怀中捋带（捋），随即，以右手提掌从腋下向上挑抓对方肩关节（掤）；左手抓腕下按，右手提掌上挑，两手相对用力，使对方肩关节损伤。（图4-287、图4-288）

图4-287

图4-288

【要点说明】

闪步外叼要及时果断；提掌挑臂要突然有力。

【易犯错误】

闪步动作缓慢，外叼动作不准确、不牢固，提掌位置不在腋下，上挑动作不具备突发性。

第五章　拳谱七诀及释义

本章主要介绍拳谱七诀及释义，从阴阳诀、虚实诀、动静诀、刚柔诀、进退诀、潜避诀、乱环诀七部分内容进行研究和论述。

象形太极打人如拦惊马，练拳如水中行走，足下生威，以巧制胜，俱在气势吞吐间，不接不要，先引后发，避实击虚。一旦内劲发出的混元气，犹如内核裂变与聚变之劲力，瞬间可产生八方变化，破坏对方身体平衡和机体变化。但必须要做到身体动作协调，周身无处不弹簧，一触即发和运用自如。

《杨文才拳术谱》记载：杨景认为内家拳技击方法和战术，就像打狼一样，心意六合拳、象形太极拳、阴阳八卦掌各有一套打法。心意六合拳技击就像把狼堵在洞内，不让狼有回旋余地，而把狼当场打死，这是"打狼理论"；象形太极拳技击就像把狼引诱到平川，让狼耍尽威风后，再把狼当场活捉，这是"捉狼理论"；阴阳八卦掌技击就像事先准备好一个圈套，引狼出洞在不知不觉中，把狼当场套住，这是"套狼理论"。

《诏世拳术训谱》云："与人交手，伸出长短分龙手，分清敌和友，根据阴阳虚实之理，动静刚柔之变化，明三前，知六要，知己知彼，百战不殆。"

第一节　阴阳诀

《周易·系辞》云："乾阳物也，坤阴物也，阴阳合德，而刚柔有体。"[12] 在实战操手中，每一个选手都想通过各种搏击方法，采取可以利用的一切手段，去争取战斗的最后胜利。这就要求所有选手，都充分合理地运用好阴阳虚实之理，动静刚柔之变化，进退闪躲之妙用，只有熟知阴阳之理，才能演变成虚实、动静、刚柔、进退、闪战等一系列阴阳不测的战术，这样，我们才能做到刚中有柔，柔中有刚，动静结合，虚实不定，进退攻守，变化莫测，所以说阴阳之法，变化不居，周流不虚，上下无常，刚柔互易，唯变所适。

中国古代哲学理论，阴阳是指一切事物的变化规律，故有"万物不离阴"之说。那么，在实战操手中，我们怎样运用这一阴阳规律呢？比如说：现代散打运动员，都喜欢运用直取快攻的数拳连击法，这未免战机尽显，招法平直，特别是一味地以一种拳法或腿法，连续攻击对方的特定部位，这种打法很容易被对方看出破绽，倘若被对方反手一击，必处被动。假如我们运用阴阳变化规律，先以蛇形掌穿插对方喉部，再以问心掌攻击对方胸部，或以撩阴掌佯攻其下，再以反背掌攻击其上等方法，先使对方掌握不住我的进攻规律和运动特点，我们就把握住了对方，牵着对方走，见机行事，随意发招，灵活机变，实际上，这就是运用了阴阳规律。

《诏世拳术训谱》云：阴阳规律万物有，战略战术显神通。正隅收放任君走，进退闪躲何须愁。生生克克相制约，真真假假阴阳求。动静刚柔与虚实，万变不离阴阳中。

歌诀释义：阴阳规律万物有，战略战术显神通。阴阳变化是万物发展的必然规律，在实战操手中，阴阳变化规律也是统领战略战术之始终的，是选手必须掌握的首要问题。

正隅收放任君走，进退闪躲何须愁。正隅是表示方向的，在象形太极拳中，正是表示四个正方向的，即东、南、西、北；隅是表示四个斜方向，即东南、西南、东北、西北。有"正对隅，直进手，顾手则把圈子走，隅对正，斜进攻，顾手进宫把招封"之说，所以说，掌握阴阳变化规律必须要踏进洪门走两翼，攻守兼备，无不自如，但还要注意避免发生冲撞顶劲的现象，也就是避免"正对正，两相碰；隅对隅，两不行"的情况发生。

收放，是诱敌深入，欲擒故纵。收是向怀中带拉，引进；放，是顺势放手向外击出，所以说，充分合理地利用进攻角度，能够促使进退自如，收放随手，从容机变。

进退，是表示攻防转换中的位置变化。进，犹如猛虎下山；退，如平湖秋月。进退之说，进则主攻，退则主守，以防守为主。进退自如，攻守兼备，乃进退之关键。

闪躲，是指隐身之意。闪即为打，躲即为顾，逢闪必进，逢进必打，逢打必顾，逢顾必打，逢打必闪。这即所谓："闪躲不失真意，进打不必远求"之理。

生生克克相制约，真真假假乱中求。

阴阳之意，生生克克之理，真真假假之中，攻守兼备之变化，无不处于虚实之中，难以分辨，即所谓"真真假假，虚虚实实"。

动静刚柔与虚实，万变不离阴阳中。

在实战操手中，动静变化，虚实之理，刚柔之说等一系列变化，都不离阴阳互变的道理。

综上所述，我们认为"太极阴阳理论"是拳谱七诀的总纲，即基本公式表示：太极阴阳理论=虚实+动静+刚柔+进退+潜避+乱环。其战例应用比较广泛。比如运用人体的基本面、轴的对称性，采取"对称连击"打法等。燕形四势技法捉乳房、猴形四势中猴形掌用法6例、豹形四势中横扫掌用法3例、鹰形四势中双切掌用法2例、鹞形四势中，翻手2例等，均运用"太极阴阳理论"的对称性。

第二节 虚实诀

《孙子兵法》云："乘其不自主而取之"[13]。意思是说在实战操手中，要积极主动地争取进攻的主动权，出其不备，乘虚而入，以巧制胜。虚实规律在实战中运用的好坏，主要表现在"假动作"上。假动作的目的是为了掩盖自己真正的进攻意图，但必须要做得真实，干净利落，以造成对方的错觉，从而，达到迷惑对方的目的。在做假动作时，我们可以巧妙地运用晃身、摆头、变眼、变色、虚引等诱敌手段，通过快速变换的假动作，造成对手手忙脚乱，真假不明。只有做到虚中有实，实中有虚，虚虚实实，实实虚虚，才能够争夺进攻的主动权，也就是"牵着对方走"。虚实变化包括的内容十分广泛，诸如：指上打下，指下打上、晃左击右、晃右击左、佯前攻后等。

《诏世拳术训谱》云："虚实变化实虚中，虚实实虚佯进攻。攻中有防虚实窍，防中有攻实发招。虚实自有实虚在，实实虚虚攻不空。君若谙知虚实理，巧制强敌实战中。"

歌诀释义：虚实变化实虚中，虚实实虚伴进攻。虚实变化规律关键在于虚和实这两个字上，虚者，假也；实者，真也。虚也就是假，假也是真，真也是实，实也是虚，虚实在不断变化。虚实者，实实虚虚、真真假假，千变万化，莫测其变。

攻中有防虚实窍，防中有攻实发招。在实战操手中，进攻防守是同步进行的，进攻中有防守，防守中有进攻。做到攻中有守，守中有攻，攻守兼备，无不自然。

虚实自有实虚在，实实虚虚攻不空。在实战操手中，要针对具体情况，根据阴阳虚实之理，本着"逢虚则攻，遇实则守"的原则，才能以实攻虚，以虚还实，虚实兼备，攻无不空，战无不胜。

君若谙知虚实理，巧制强敌实战中。如果能够知道和掌握一虚一实、一攻一守、一真一假、真真假假、虚虚实实的道理，无论你面前是何种类型的强大对手，倘若运用得法，都是能够以巧智取的。

综上所述，我们认为"虚实理论"应用在"诱敌深入打法"中犹如人与狼斗，人设陷阱，投骨诱狼，狼得骨、必坠阱中，以毙之。象形太极拳称为"诱敌深入法"，也称"虚实理论"。即基本公式表示：虚实理论=假动作+顾手+连击。应用"虚实原理"时，事先以假动作为引诱，掩盖自己的意图，目的是给对方设下陷阱，使其上当，进而顾中有进，进中有顾，进中有进，采取顾进结合、虚实兼备的原则制服对方。比如猴形四势中劈进掌用法4例、豹形四势中五花掌用法、双碟掌用法3例、马形四势中撩阴脚用法3例、鸡形四势中蹬腿用法2例、截腿用法2例等，均运用"虚实理论"诱敌深入。

第三节　动静诀

《周易·系辞》云："乾坤各有动静，盖乾流坤地。动之中有静，坤凝乾无，静之中有动。"

"动"应当理解为主动，是指手法运用的整个过程。《周易》云："动万物莫疾乎雷。"[14]这就是说动要快如雷，捷如猛虎，要动得准确，动得果断。动,要伺机而动,不可轻举妄动。《系辞》云:"不见利不动",其意亦同。[15]

事实上,动的含义有两种:一是动人之将动;二是动人之将静。

动人之将动,是指在对方欲动未动之时而动。正所谓:"敌欲动,我先动。"

动人之将静,是指在对方动极之后而即将生静之时所动,比如说:当我闪过对方进攻,在对方进攻动作即将完成之时,也正是为我方反击的良好机会。

通过上述两种情况的分析,我们可以看出"动"要选择对方"将动"或"将静"之时,这是攻击对方的最佳时刻。打拳人不知,打人鬼不知,出其不意,攻其不备的战术打法是求之不得的好事。

"静"当理解为以静制动。在实战操手中,静是"形静而意不静",是寻机、蓄锐、待发的准备阶段,这时要取势严密,使对方无从下手,也是"以静待动"的过程,正所谓:"动之中有静,静之中有动。"

《诏世拳术训谱》云:"动静变化勘敌情,阴阳虚实探分明。动人将动先发制人,稳准狠快情不容。动人将静气沉定,后发先制手法精。彼若不知动静理,百战百败胜不能。"

歌诀释义:动静变化勘敌情,阴阳虚实探分明。

在实战操手中,欲采取"动静"之法,必须先探清对方的虚实所在,虚则以动,实则以静,虚实动静,变化一也。

动人将动先发制,稳准狠快情不容。在实战操手中,在看准时机,当对方想动而未动之机,我则骤然发招,可先发制人。先发制人要先做到四个字:稳、准、狠、快。稳,指脚跟有根,重心稳定;准,指掌握时机要准,目标要准确;狠,指心要狠,手下不能留情;快,指动作发招迅速,犹如疾雷闪电一般。

动人将静气沉定,后发先制手法精。在实战操手中,要心情沉定,当对方旧力已去,新力未生之际,通过各种精妙之手法用力击毙之。

实行以动制静先发制人必须做到:

①争夺进攻的有利位置,包括进攻角度和进攻距离等。

②获得进攻的最佳时机,以超对方之速度猛力出击。

③突然袭击,气势要猛如排山倒海,给双方造成惊恐心理,而感到措手

不及。

④要有战胜一切对方的必胜信心。

实行以静制动，后发先制必须做到：

①保持清醒的头脑，沉着冷静，反应敏捷，运动灵活，手、眼、法步要协调。

②在空间上放弃有利位置，但不是无原则的放弃，而是佯露破绽，实为诱敌深入，待敌上钩再给以有力的还击。

③与对手周旋时，身体要适当放松，以节省体力。

④外示安逸，内心保持着勇猛和必胜的信心。

彼若不知动静理，百战百败胜不能。如果不知道象形太极拳动静理论，纵然你身经百战也都会失败。只有懂得动静理论，在实战操手中灵活运用，才能百战百胜。

综上所述，我们认为"动静理论"应用在"直取快攻打法"中犹如人与狼斗，人伏洞中，引狼入，猝然发招，以毙之。象形太极拳称为"直取快攻法"，也称"动静理论"，即基本公式表示：动静理论 = 诱敌+深入+直取+快攻。应用"动静理论"时。事先以引手动作佯作进攻，目的是分散对方的注意力，趁机而入，一招制敌，智取"先发制人"的原则，这种打法往往通过晃身、引手、虚招、探头、挑逗、佯攻、戏弄、激怒、撤退等动作，分散对方的注意力；诱敌是通过上述动作为手段，给对方设下圈套；将引入圈套的对手，在最短时间内一招制敌，这是斗智斗勇的综合表现，比如龙形四势中横推掌用法6例、蛇形四势中单推掌5例、虎形四势中双扑掌用法2例，双撞掌用法2例、豹形四势中双碟掌用法3例、马形四势中霸王膝用法3例、鸡形掌四势中等退用法2例等，均应用"动静理论"直取快攻，一招制敌。

第四节 刚柔诀

《周易》云："柔以为道，不利远者，刚以为道，不利近者，近则刚危而柔胜，远则柔危而刚胜。"刚是指劲力的催迫作用，柔是指劲力的化解作用。因此出招进攻不宜软弱无力，而应准确、迅速、沉稳、狠且富有弹性，一旦抓住时机，要全身上下，内外合一打击对方的薄弱部位，不得有丝毫犹豫，尤其是对敌斗争应残酷无情，有我无彼，有彼无我。正所谓："柔里有刚攻不破，刚中藏柔方为坚。"

《诏世拳术训谱》云："双方对视来交手，伸出分龙探刚柔。彼若刚来我用柔，借势化势力不求。彼若柔来刚接走，硬打硬进横向冲。柔里有刚攻不破，刚中无柔不为能。"

歌诀释义：双方对视来交手，伸出分龙探刚柔。与人交手，将两手先后分开，前手长后手短，即称长短分龙手，先探明对方的功夫是深还是浅，是软还是硬，软则刚挤，硬则柔克。

彼若刚来我用柔，借势化势力不求。遇到身材高大，力量充沛的对手，要充分发挥压、闪、化之柔劲，以柔克刚，使出浑身解数，高明之仙招。以软磨硬，顺势化打，借力打力，看准破绽，抓住时机，利用一切可以利用的手段，以巧取胜。

彼若柔来刚接走，硬打硬进横向冲。遇到身材矮小，力量薄弱的对手，要充分发挥砍、切、削、截之刚劲，凭借自身之功力以刚挤柔，硬打硬进，横冲直撞，在最短的时间内尽快结束战局。

柔里有刚攻不破，刚中无柔不为能。柔中有刚，按之则下，起之则上，上下相随，这种柔力不易被人攻破，刚中有柔，刚在前，柔在后，刚攻柔紧随，刚走柔不随，碰硬折断根，此乃"刚柔相济"的道理。

以刚折柔，先发制人。凡是遇到身材矮小，力量薄弱，技术不强，战术不精，善于防守，主动防守反击之对手，都可采取"直取快攻，一击到底"的战术方法，这种方法往往左右开攻，上下相合，拳脚相兼，肘膝相随，招招相连，势势紧跟，一环套一环，环环相扣。它要求技术的打法要全面，气势磅礴。短取快攻是指出手发招与攻击目标之间距离最短的招法，其动作迅速，步法紧密，且招法连发，爆发力强，一击不中再击，再击不中连击，使对方防不胜防，故有"打人必连三，连三必打人"之说。上下兼顾是指手脚并用，上下变换的攻击方法，这种方法使对方顾上顾不了下，而处于顾此失彼的被动挨打局面。长趋直入是指从长到短，从远及近的一系列打法，这种打法拳脚迅速、密集。正所谓："双拳密如雨，快脆一挂鞭。"

以柔克刚，后发制人。凡遇到身材庞大，力量强大，直冲直撞，技术全面，经验丰富的对手，都可采用"以柔克刚顺势化打"的战术方法，这种方法往往或搂、或叼、或抄、化中窝打，顺势进招，它要求反应要快，身体灵活，步法敏捷，闪躲迅速，变化无穷。借力打力是指借助对方的力量发力制敌。就势还招是指借助对方之势，还招对方之身。顺势进招是指在化解对方招法的同时，给对方以反攻。

综上所述，我们认为"刚柔理论"应用在"硬打硬进法"中犹如人与狼遇，人疾动而发，狼欲扑而猝死；又如人与狼斗，狼未动。人先动，势如破竹，以毙之。象形太极拳称为"硬打硬进法"也称"刚柔理论，即基本公式表示：刚柔理论 = 起+随+追+硬打+硬进。应用"刚柔理论"时，事先做好应敌准备，抢先发动攻击，争夺进攻的主动权，先发制人，一气呵成。这种打法要利用一切可以利用的手段，动作突然迅猛，造成对方措手不及或判断失误，达到破坏其门户，使其重心不够稳定，暴露出破绽之目的，我则起手步随，乘胜追击，一鼓作气，不给对方喘息之机，直捣黄龙，一招获胜。起是先锋，起手落手要快而硬，有一定动力；随是士兵，乘机而入要远踢近打，贴身摔拿；追是统帅，乘胜追击，一鼓作气，直捣黄龙。掌握起、随、追三者之间的关系，在实战操手中逐渐加以体会，达到熟能生巧，一变应万变，万法皆自如的境界。比如龙形卡嗓掌用法7例、蛇形四势中穿掌用法4例、燕形四势中燕形掌用法6例、鸡形掌四势中双托掌用法6例、鹰形四势中双切掌用法2例、鹞形四势中右提掌用法3例等均应用"刚柔理论"硬打硬进，一鼓作气，直捣黄龙。

第五节　进退诀

《孙子兵法》云："进则容易退则难。"在实战操手中，进要势如破竹，退要稳如处女。进退攻守，无不自然。

《诏世拳术训谱》云："对敌实战巧周旋，进退变化是关键。进明三前知六要，退则反转眼要尖。彼若进将洪门站，退闪正中定横边。按住四正隅方变，触手即占先上先。"

歌诀释义：对敌实战巧周旋，进退变化是关键。在实战操手中，双方不仅仅是技术、力量、胆量等实力竞争，同时也是一种"智"的较量，这种"斗智斗勇"的斗争，关键在于步法的灵活，进退攻守的变化等。

进明三前知六要，退则反转眼要尖。与人交手须"明三前""知六要"。三前即眼前、手前、脚前。眼前与人交手，视其眼神。以眼注眼，观其面色。对方想与我交手，先从对方眼睛里反应出来，我则根据面目表情，做好应敌准备，手前脚前，与人交手，视其手脚，见动则动，动中防变。彼来凶猛，可先闪转避开，看出破绽乘机攻之。六要即心要沉、胆要壮、眼要明、手要快、步要稳、法要变。心要沉，与人交手，切勿心慌，心慌则意乱，意乱则失措，因此，要沉着冷静，不因紧急而变色，不为强敌而心惊。胆要壮：与人交手，要有压倒一切对方的胆略和勇气，机智果断，敢打敢冲。眼要明，与人交手，眼睛要明亮，不然难以制胜。看不清彼手脚虚实，冒然攻击，是相当危险的。手要快：与人交手，眼随手动，眼到手到，要以闪电般的手法打出去收回来，我手之去不见去，我手之来不见来。"打人不见形，见形非为能，伸手不见手，见手为不精。"步要稳；与人交手步法要稳健，落地如生根，步随身行，步到身到。"步不稳，拳则乱，步不慢，拳则慢。"法要变：与人交手，观其神色，知其强弱，见势而变，见动则动，不动则引，虚实相间，刚柔并用，声东击西，变化莫测，使其攻无所攻，守无所守。

彼若进将洪门站，退闪正中定横边。在实战操手中，如果对方先发制人，踏洪门逼近我身，我要急转身，闪开我的正中部分，使其招法落空，同时，向对方的侧身进击，也就是巧取对方之横门。

按住四正隅方变，触手即占先上先。四正就是四个正方，四隅就是四个斜角。与人交手，我要把持住自己的四个方向，同时，要寻找对方的四个斜角，为转移对方的正方，先破他的中心之力，假如对方守住了他的四正，我就设法变动自己的正方，来找对手的四隅进击。

主动进攻，先发制人。凡是遇到功夫较浅，力量薄弱的对手，都可采用"主动进攻，先发制人"的战术方法。直取洪门是从对方身体的正方向发动进攻的一种方法，这种方法切勿挺身进攻和盲目乱打。挺身则露四角，盲目则手脚不应。旋走两翼是从对方的身体两侧发动进攻的一种方法。

闪躲反攻，后发先制。遇到体壮力大、猛打猛撞的对手，应沉着应战，利用对手想以力取胜的心理，而表现出来进攻动作幅度大的弱点，采用"不着不架，避实就虚"的战术打法。正所谓："逢闪必进，逢进必闪。"这里的闪是为了进攻，而不是消极逃脱。当然，有时因对手连招出击难以判断，或者有意消耗对方的体力，可采用撤闪避之，以观察对方的主要进攻招法和虚实空当，寻机反攻。采取闪躲反击的战术打法，要胆大心细，善于观察，反应快速，身活步灵，逢闪必进，躲闪及时，打中就撤，以避免双方相击互撞。如逢闪必进、避实击虚和先撤后攻等。

综上所述，我们认为"进退理论"应用在"顾手拦门法"中犹如人与狼遇，狼怒吼咆哮，待威风尽，以毙之。又如人与狼斗，狼前扑，人闪避，手断其股；狼腾跃，人下伏，举手入腹，狼嚎遁，追而毙之。象形太极拳称为"顾手拦门法"，也称"进退理论"，即基本公式表示：进退理论＝防御＋反击＋顾手＋拦门。应用"进退理论"时，事先阻止对方第一次攻击，目的是挫杀其锐气，趁势反击，一招制敌。这种打法通过削截、格挡、扣按、挑拨、闪跨、托叼、锁拐、封阻、抄抱等动作来阻止对方的进攻，为进一步反击创造有利条件。防御是通过上、中、下三盘的阻截手法控制对方的攻击；反击是通过象形太极五十二势中踢、打、摔、拿、扑、推、撞、靠八法制服对方。比如龙形四势中龙爪掌用法5例、蛇形四势中蛇缠掌用法3例、双挎掌用法2例、猴形四势中横挎掌用法2例，五花掌用法2例、熊形四势单托掌用法3例等，均应用"进退理论"顾手拦门法克敌制胜。

第六节　潜避诀

潜避是指潜伏、隐藏。这种战术方法要充分灵活地运用两条腿，求得身体立于对方一时攻不着我，而我却能任意攻击的有利位置，避其锋芒，攻其弱处，恰当地运用潜避闪躲之术，时隐时现，神出鬼没地克敌制胜。

《诏世拳术训谱》云："潜避移身最出奇，战斗之中施妙计。脚下走得是两翼，左右均可把身栖。闪其力来懈其力，乘机而入打得疾。不与来势相顶抵，四两可破千斤力。"

歌诀释义：潜避移身最出奇，战斗之中施妙计。潜避之术是一种闪战打法，也称抽身换影法，它是通过快速敏捷的闪躲技术，来避开对方的猛力进攻，趁对方旧力已去，新力未生之际，给对方以沉重的打击，这种战术方法素有"高级武术之仙招"的美称。

脚下走得是两翼，左右均可把身栖。这种战术方法脚下走的是对方的两侧，而不是直进直入，它通过左右盘旋，来化解对方的进攻力量，在对方击空失重的情况下用力击毙之。

闪其势来懈其力，乘机而入打得疾。通过快速敏捷的身法避开对方千斤之力，在其力尚未收回之际，也是对方击空失重的虚空状态，趁机而入疾速进攻，将其打翻在地。

不与来势相顶抵，四两可破千斤力。这种打法不能与对方硬打硬拼，而是以巧力周旋，以巧制胜，万无一失。

综上所述，我们认为"潜避理论"应用在"抽身换影法"中犹如人与狼斗，狼扑人闪，狼起人伏，狼左人右，狼右人左，狼进人追，狼力尽，威风失，以毙之。象形太极拳称为"抽身换影法"也称"潜避理论"，即基本公式表示：潜避理论＝变位＋闪打。应用"潜避理论"时，尽量不与对方发生身体接触，使身体吞吐自然、进退自如、上下起伏、左右换势、形影迷离，身灵法变，不拘一格。这种打法讲究"不招不架，就是一下"，通过快速敏捷的闪躲技术，避开对方的猛力攻击，然后，趁其旧力已去，新力未生之际，给对方以沉重的打击。

这种打法要具备心惊、眼明、体松、步活、身灵、法变等综合素质。"心惊"则无惰情；"眼明"则不枉动；"体松"则不退变；"步活"则身法疾；"法变"则归一；"归一"则无法定。比如龙形四势中手别摔用法4例、燕形四势中撩阴掌用法3例，拧脖摔用法2例、马形四势中撩阴脚用法3例、狮形四势中手别摔用法2例等，均应用"潜避理论"抽身换影法制服对方。

第七节　乱环诀

乱环术综合阴阳、虚实、动静、刚柔、进退、潜避于一体，包罗战术之万象，变化无穷，《孙子兵法》云："乱中取胜。"正是此战术核心的思想。

《诏世拳术训谱》云："乱环术法最难通，上下随合妙无穷。陷敌深入乱环内，四两可破千斤成。包罗战术之万象，变化莫测妙横生。欲知环中何法在，其理精深难表明。"

歌诀释义：乱环术法最难通，上下随合妙无穷。乱环术是一种没有固定形式的战略战术，运用这种战术必须做到：

①头脑冷静、沉着，全身上下相合，协调一致。

②没有空势。忽行忽止，忽上忽下，忽来忽去，忽左忽右，使对方捉摸不定，无从下手。

③神气如游龙猛虎，又如痴癫疯仙，真真假假，虚虚实实，进则如龙虎，诱则如痴癫，形态多异，变化万千。

④始终保持必胜的信心。

陷敌深入乱环内，四两可破千斤成。对方一旦被我诱引上钩，就会失去主动进攻的能力，我则可以巧力破敌千斤之势，比如对方被我激怒以后，恨不得一下子把我打翻在地，于是就会以全身之整劲，如同千斤之势来击我，我则随即旋走滑其来力，使其失重不能自控，我随意以动即可克敌制胜。

包罗战术之万象，变化莫测妙横生。乱环术包括所有的战略战术于其中，这些战略战术互为变化，使对方难以推测，无规律可寻，使对手无从下手，始终处于被动挨打的局面。

欲知环中何法在，其理精深难表明。乱环术究竟是怎样的一种战略战术呢？它是所有战略战术的综合产物，不是简单通过语言可以说明的，尚需在实战中去体悟。

综上所述，我们认为"乱环理论"应用在"暗箭伤人法"中犹如人与狼斗，人偷袭，以箭射之，狼中箭，远遁。象形太极拳称为"暗箭伤人法"，也称"乱环理论"，即基本公式表示：乱环理论＝隐蔽性+偷袭性+一招制敌。这种打法距离对方的攻击点较近，处于视角盲区，不易被对方察觉，攻击手段直接、短促、近取、易发、易收、迅猛、果断、突然等，动作幅度小、命中率高、攻击力量大。比如豹形四势中臂靠用法2例、鸡形四势中双托掌用法6例、熊形四势中肩靠用法3例等，均应用"乱环理论"暗箭伤人法，出奇制胜。

附录

象形太极拳传承谱系及专家述评

一、象形太极拳传承谱系

象形太极（太极十三形）出自古武当太极张三丰，是一种传统的古老太极拳。嘉庆十七年（1812年）河中饧杨氏十八世嫡孙杨景，在德州邂逅天理教首领冯克善为其部将，在离卦支系中各派高手相互授受交流拳法，杨景学得太极十三形，具体学与何人不详，只知道此拳创自古武当山太极张三丰。这里所列象形太极（太极十三形）始传人杨景传承谱如下。

创始人： 此拳为古武当山太极张三丰所创，历经数代传承至清末农民起义天理教离卦支系高手"无名氏"，已无法考证。

第一代： 杨景，名信，乾隆五十四年（1789年），出生于松江（黑龙江）省兰西县霍家窝棚（王宝屯），河中饧杨氏十八世嫡孙。嘉庆二十五年（1820年）杨景始传象形太极（太极十三形）。传子三：见功、俊功、进功。在河北传：刘攀贵、刘观澜、刘俊杰、魏昌义、魏老方、高庆天等。

第二代： 杨进功，道光十七年（1837年），出生于松江（黑龙江）省兰西县霍家窝棚（王宝屯），河中饧杨氏十九世嫡孙。杨进功称此拳为"杨氏十三形"。传子五：平、忠、有（出家修道习胎息、辟谷之术，精杨氏十三形龙形缩骨功）、荣、仪。

第三代： 杨忠，同治三年（1864年），出生于松江（黑龙江）省青冈县四区阮兽家屯，河中饧杨氏二十世嫡孙。传子三：文才、文喜、文成。

第四代： 杨文才，光绪十八年（1892年），出生于松江（黑龙江）省青冈县四区阮兽家屯，河中饧杨氏二十一世嫡孙，抗日义勇军联络员。杨文才把"象形太极（太极十三形）五十二势"简化成为"象形太极（太极十三形）十三势"。传子一：生。

第五代：杨生，1920年5月，出生于松江（黑龙江）省青冈县四区阮兽家屯，河中饧杨氏二十二世嫡孙，中国人民志愿军39军117师师直警卫连连长。传子一：乃文。

第六代：杨乃文，1937年11月5日，出生于黑龙江省青冈县德胜乡阮兽家屯，河中饧杨氏二十三世嫡孙，中华杨氏武艺研究会创始人。传子三：义、清、维。传女二：春凤、春艳。

第七代：杨维，1967年11月27日，出生于黑龙江省青冈县德胜乡阮兽家屯，河中饧杨氏二十四世嫡孙，双博士学位、三级教授、博士生导师。妻子辛桂维，硕士学位、副教授。传子二：杨晓斌（博士）、刘龙（博士）。传女二：杨洋（博士）、葛香杉（硕士）。

第八代：杨维支系入门弟子第一批：姜伟YJ0801（黑龙江）、邱世禄YJ0802（浙江）、晋云建YJ0803（四川）、朱磊博士YJ0804（浙江）、Elemen Joann Crusillo乔安硕士YJ0805（菲律宾）、彭才举YJ0806（四川）、王萍YJ0807（上海）、尹喜良YJ0808（上海）、杨民庆YJ0809（黑龙江）、韩建春YJ0810（黑龙江）、吕永鑫YJ0811（浙江）、刘占娣YJ0812（山西）、张岚YJ0813（山西）。

二、象形太极五十二势技击法专家述评

杨维教授和他的博士科研团队，对象形太极拳非物质文化遗产进行了深入考证，并构建了"象形太极拳核心价值体系"，我有幸先睹为快，感受颇深，从学术研究角度看其成果的先进性、科学性和应用性等方面均有所突破，可谓"理论标新立异，实践操作性强"。

1. 学术成果的先进性

（1）新见解

作者从15种古籍文献中汲取传统文化养分，并结合现代《运动解剖学》《运动生物力学》理论，对"象形太极五十二势技击法"进行了剖析，提出了"继承传统，古为今用；意识导引，呼吸自然；形体锻炼，攻防兼顾"二十四字方针，见解独到。

（2）新概念

作者提出了"变位"新概念，并给出夺位、让位和换位三种基本变位方法，强调"站桩在于静中求稳固，变位在动中求稳固，一动一静组成运动，在运动中求稳固，此乃变位之要旨"等理论，具有学术新见解、新突破、新创新，这些学术概念能够引发学界思考和实践体悟。

（3）新理论

作者虽然提出了"阴阳理论、虚实理论、动静理论、刚柔理论、进退理论、潜避理论和乱环理论"七大基本理论，但并没有停留在纯理论的阐述之中，而是进行了深入的分析与理性的解析，并辅以"公式"表达，使理论颇具厚度。

2. 学术成果的科学性

（1）理论科学

"理论构建与实践功效"是当前民族传统体育领域的前沿、热点研究方向。"象形太极五十二势技击法"把握了传统武术技击应用的时代脉搏、顺应了现代需求、运用了先进训练方法、构建了技击理论体系、得出了科学成果，其理论逻辑紧密、方法运用得当，具有较好的示范性和技击的指导性。

（2）实践验证

"实践是检验真理的唯一标准""象形太极五十二势技击法"的科学性还体现在了其进行实践的检验，合理、有序的跟踪调查，严谨、严密的实验分析，有用、有效的研究结果，均体现出"象形太极五十二势技击法"现代理论和应用的科学性。

3. 学术成果的应用性

（1）古为今用

文化自信源于文化先进，中国传统文化在当代仍然具有先进性。"象形太极五十二势技击法"是现代理论解读和融合传统文化的成果，其七大理论、二十四字方针等均体现出成果的传统与现代并重的特征，是古方今解、古法今用的尝试与突破，对中华优秀传统文化的继承、创新和发展具有理论指导意义。

（2）以健为本

健康中国才能中国健康，平安中国才能中国平安。在新时代，养生理念、健身观点深入人心，平安稳定和谐发展也不能忽视，弘扬中华优秀传统文化的今天，提倡百花齐放百家争鸣。"象形太极五十二势技击法"具有传统性、继承性，同时也具备时代性、开拓性，其对构建和谐社会、提升全民健康具有实践价值。

以上仅就"象形太极五十二势技击法"读后的一些拙见，谈不上专家述评，愿与作者和广大读者共勉。

是为评。

刘映海

2019年10月22日于山西大学

（注：刘映海，山西大学体育学院博士生导师，四级教授）

参 考 文 献

[1] 徐国栋，袁琼嘉. 运动解剖学［M］. 北京：人民体育出版社，2017，2.
[2] 杨吉兴撰. 诏世拳术训谱．［M］. 乾隆刊本.
[3] 杨文才. 杨文才拳术谱．［M］. 民国刊本.
[4] 杨文才. 满州饷杨氏家谱［M］. 民国刊本.
[5] 杨文才. 满州饷杨氏家谱［M］. 民国刊本.
[6] 杨文才. 满州饷杨氏家谱［M］. 民国刊本.
[7] 杨维. 满州饷杨氏家谱［M］. 内部刊本.
[8] 徐升. 抗美援朝战争中国人民志愿军烈士——杨生墓志铭［M］. 2015，10-12.
[9] 杨维. 满州饷杨氏家谱——杨乃文传［M］. 内部刊本.
[10] 青冈县体育志编辑部. 青冈县体育志——杨维传［M］. 2019.
[11] 杨维，杨晓斌. 少林鹰爪十三抓［M］. 北京：人民体育出版社，2007，08.
[12] 姬昌. 周易·系辞［M］. 西周.
[13] 孙武. 孙子兵法［M］. 春秋战国.
[14] 姬昌. 周易［M］. 西周.
[15] 姬昌. 系辞［M］. 西周.

后　记

　　我自幼受家庭熏陶随父亲大人杨维（字维子，号阜剑）学习和研究家传——河中饧杨氏武学，一转眼已经28年了，所学涉及范围比较广泛。如大椿堂武学（明代）、杨氏戳脚拳（清代）、杨氏翻子拳（清代）、杨氏华拳十二路（清代）、杨氏十三形（清代）、杨氏八形掌（清代）、太极跤（民国）、散手道（新中国）、武家学派（新中国）九大体系等。

　　杨氏十三形（清代）也称"太极十三形"，是河中饧杨氏武学九大武学体系之一，是河中饧杨氏十八世嫡孙，清末农民起义天理教将领杨景始传，从1820年传承至今已有199年，流传于河北、山东、吉林、黑龙江等北方地区。由于受到时间空间、地域环境、文化素养、思想意识和其他拳种的渗透等多种因素影响，形成戳脚太极十三形、古武当太极十三形、杨氏十三形等，演练风格、技术结构、动作名称各异的分支流派。

　　2018年4月28日，象形太极拳被黑龙江省五常市人民政府批准为非物质文化遗产，代表性传承人姜伟。河中饧杨氏二十四世嫡孙杨义、杨维，在中国象形太极故乡——黑龙江青冈（德胜镇隆胜村阮兽家屯南二里），重修"河中饧杨氏墓地"撰文碑记，镌刻《清末农民起义天理教将领——杨景墓志铭》。10月，父亲大人将上述古传不同形式的十三形，统称为"象形太极（太极十三形）"，组建"象形太极（太极十三形）非物质文化遗产挖掘整理小组"和"专家评审组"，对象形太极（太极十三形）进行挖掘整理和专家论证，构建了"象形太极（太极十三形）体系"。2019年3月，在父亲大人的指导下，按照《杨文才拳术谱》相关记载和心得体会，我将"象形太极五十二势技击法"进行了深入探讨和研究，并拍摄成照片和录像。

该书是2018年江西省社会科学"十三五"（2018年）规划项目（江西省历代武状元及年谱考略项目编号18TY21）、2018年度江西省高校人文社会科学研究青年项目（唐代武状元舒贺研究编号TY18203）、2018年上饶师范学院校级课题（抗美援朝将领杨生及武功考略编号201810）、2019年中国体育科学学会高校体育与健康教育课程建设专项课题（大学体育象形太极课程发展研究项目编号PT2019001）等研究成果。该成果从人体要害部位，基本变位方法，基本技术45种，技击方法应用144例，拳谱七诀及释义，五部分研究解析论述，还列出了参考文献的出处。并在上饶师范学院、山西大学和全国37家象形太极拳传承基地，进行了试点教学，收到了良好的效果。

特别感谢原中国武术协会张耀庭、李杰两位主席，原北京体育大学党委书记、校长、博士生导师杨桦教授，吉首大学党委书记、校长、博士生导师白晋湘教授为系列丛书题词。感谢上饶师范学院校长、博士生导师、詹世友教授，体育学院院长、硕士生导师项建民教授为本书作序。感谢山西大学体育学院博士生导师刘映海教授专家述评。在此，向上述领导、前辈和老师，表示最崇高的敬意和诚挚的感谢。

由于时间仓促和条件所限，该书尚有一些不尽人意之处，欢迎大家提出宝贵意见和建议，以便进一步修改完善，使其更好地为全民健身国家战略服务。

杨晓斌
2019年10月于上饶师范学院